BASTEI
LÜBBE

Von Jule Brand erschienen bei BASTEI-LÜBBE:

12531 Ein Single kommt selten allein
12563 Liebe im Nachfüllpack

Jule Brand

So angelt man sich einen Typ

BASTEI
LÜBBE

BASTEI-LÜBBE-TASCHENBUCH
Band 12615

Originalausgabe

Printed in Germany Februar 1997
Einbandgestaltung: Gisela Kullowatz
Titelfoto: Andreas Jung, Düsseldorf
Satz, Druck und Bindung: Ebner Ulm
ISBN 3-404-12615-7

Für Biggi

1

Der Kellner zwinkerte Franziska zu und lächelte. Franziska lächelte zurück. Irgendwo hatte sie den schon mal gesehen – vermutlich an der Sporthochschule. Da wimmelte es nur so von gutgebauten, langhaarigen Studenten, die sommers wie winters auf Rollerblades herumfuhren und immer gut drauf waren. Franziska sah ihm seufzend hinterher.

»Du hörst mir überhaupt nicht zu«, beklagte sich Cornelius.

Schuldbewußt blickte Franziska zu ihm hinüber. »Entschuldige, was hast du gesagt?«

»Daß ich ab nächstem Ersten monatlich tausend Mark mehr habe«, wiederholte Cornelius. »Netto.«

»Wie schön für dich«, seufzte Franziska. »Ich hab' nicht mal tausend Mark im Monat. Brutto.«

Cornelius ging nicht darauf ein. »Tausend Mark mehr! Auf einen Schlag. Weißt du, was das bedeutet?«

»Daß du mich jeden Abend zum Essen einladen kannst«, schlug Franziska vor. »Oder daß du dir mal eine neue Krawatte kaufen wirst. Die da ist ja grauenhaft. Und überhaupt, es ist acht Uhr abends, warum trägst du in deiner Freizeit Krawatten?«

Cornelius griff sich an den Hals.

»Du weißt genau, daß ich direkt von der Arbeit hergekommen bin«, sagte er mit unüberhörbar beleidigtem Unterton. Ich dachte, du freust dich für mich. Ich bin der jüngste Abteilungsleiter, den die Firma je gehabt hat.«

Ich freue mich ja, wollte Franziska sagen, aber da brachte der knackige, langhaarige Kellner das Essen an ihren Tisch. Das Haar, das ihm in die braungebrannte Stirn fiel, war von Sonne und Meerwasser gebleicht. Wieder lächelte er mit schneeweißen Zähnen, und Franziska vermutete, daß er den Spätsommer auf dem Surfbrett und mit Beach-Volleyball verbracht hatte, irgendwo dort, wo sie jetzt auch gern wäre.

Neben ihm wirkte Cornelius erschreckend blaß und so, als habe er sich schon Ewigkeiten nicht mehr richtig amüsiert. Kein Wunder, der Typ dachte nur noch an seine Karriere. Und jetzt wollte er dafür gelobt werden, daß er mit siebenundzwanzig schon ackerte wie ein Familienvater kurz vor dem ersten Herzinfarkt. Franziska brachte es einfach nicht über sich, etwas Nettes zu sagen.

»Hat deine Mutter die Krawatte ausgesucht?« fragte sie und stach mürrisch die gegrillten Putenbruststreifen von ihrem Salatteller.

Cornelius ließ seine Gabel sinken.

»Wieso? Was ist überhaupt mit dir los?« fragte er. »Ich dachte, du freust dich über meine Beförderung. Und was meine Mutter damit zu tun hat, verstehe ich wirklich nicht.«

»Hat sie dir die Krawatte geschenkt oder nicht?«

»Franziska!«

»Also, sie ist von ihr. Ich hab's mir gleich gedacht. Diese tristen Beigetöne und das Muster. Die Krawatte paßt haarscharf zu eurer Couchgarnitur.«

Cornelius schwieg. Franziska kaute geraspelte Möhrchen und schwieg auch.

Ich bin gemein, dachte sie, richtig gemein. Vermutlich bekomme ich meine Tage oder so was. Verdrossen aß sie den ganzen Teller leer. Ich sollte mich entschuldigen, dachte sie. Schließlich kann er nichts dafür, daß er so ist.

Cornelius kämpfte schweigend mit seinem Hüftsteak und der Folienkartoffel. Franziska musterte ihn verstohlen. Abgesehen von der Krawatte sah er eigentlich ziemlich gut aus. Figurmäßig hätte er den Studentenkellner locker ausgestochen, und nach ein paar Tagen in der Sonne auch sonst. Er spielte Wasserball in der Oberliga und mußte dreimal die Woche trainieren. Wenn er seinen Knackarsch nur nicht immer in diesen Anzughosen mit Bügelfalte verstecken würde und seine Locken ein bißchen wuscheliger wären, und nicht so busineßmäßig an den Kopf gegelt wie seit neuestem.

Franziska seufzte wieder. »Tut mir leid«, sagte sie. »Ich bin ein Ekel.«

»Ja«, stimmte Cornelius zu und grinste ein bißchen.

Franziska grinste zurück. »Ich freue mich für dich. Ehrlich. Tausend Mark mehr, das ist der helle Wahnsinn. Vermutlich bin ich nur neidisch, mit meinem popeligen Studentenjob und der ewigen Geldknappheit.«

»Aber darüber wollte ich mit dir reden«, sagte Cornelius. »Ich dachte, jetzt, wo ich soviel mehr Geld habe, könnten wir uns zusammen eine Wohnung suchen.«

Er machte eine Pause, und Franziska schnappte überrascht nach Luft.

»Ich habe eine Menge gespart in den letzten zwei Jahren, und in drei Monaten wird mein Bausparvertrag fällig. Ich könnte ihn zusätzlich mit fünfzigtausend Mark beleihen. Meine Eltern würden auch was dazugeben, und wir könnten uns eine Eigentumswohnung kaufen.«

Franziska sagte nichts.

»Vielleicht etwas außerhalb, mit einem Garten«, fuhr Cornelius fort. »Dann könntest du endlich eine Katze haben, wie du es dir gewünscht hast. Und du müßtest natürlich keine Miete zahlen, sondern könntest dein Geld für dich ausgeben. Und wenn demnächst Prüfungen anstehen, dann müßtest du nicht arbeiten, sondern könntest ein paar Wochen oder Monate pausieren. Wäre das nicht toll?«

Franziska schluckte. Katze, Garten, keine Miete – das hörte sich wirklich ganz verlockend an. Aber zusammenziehen?

»Also, ich weiß nicht«, erwiderte sie. »Das kommt jetzt so plötzlich.«

»Ja«, gab ihr Cornelius teilweise recht. »Ich hätte dich ja schon früher gefragt, aber da hatten wir immer wieder diverse Beziehungsprobleme, wenn du dich erinnerst. Deshalb wollte ich warten, bis ich sicher bin, daß wieder alles in Ordnung ist. Die Gehaltserhöhung ist jetzt einfach der passende Anlaß.«

»Ja«, sagte Franziska. »Aber was werden Matilda und Caroline dazu sagen? Schließlich teilen wir uns die Miete.«

Cornelius machte ein leicht verärgertes Gesicht. »Natürlich teilt ihr euch die Miete. Aber deswegen müßt ihr ja nicht bis zu eurer Pensionierung zusammenwohnen, oder?«

»Nächsten Monat wohnen wir gerade mal ein Jahr zusammen«, korrigierte ihn Franziska. »Wenn ich ausziehe, müssen Matilda und Caroline die Miete durch zwei teilen, und ich glaube, dann kommen sie mit dem Geld nicht mehr hin. Wir sind eben Studentinnen und keine Großverdiener wie du.«

»Das ist doch Blödsinn«, widersprach Cornelius. »Erstens zahlt ihr sowieso kaum was für die Bruchbude, und zweitens würde Caroline das Mehr an Geld allein durch ihr Taschengeld ausgleichen können. Und drittens, wenn du ausziehst, warum sollten sich die zwei nicht wieder eine neue Mitbewohnerin suchen?«

Das Letzte hätte er besser nicht gesagt. Franziska schluckte überrascht und wußte plötzlich ganz sicher, daß sie nicht ausziehen wollte. Sie, ihre beste Freundin Caroline und ihre Cousine Matilda wohnten seit Studienbeginn im letzten September zusammen. Mit viel Mühe hatten sie die Wohnung in dem abbruchreifen Haus renoviert, und was hatten sie in dem einen Jahr nicht schon alles miteinander durchgestanden! Nicht auszudenken, wenn an ihrer Stelle eine andere dort wohnen würde!

»Wir haben so viel Spaß miteinander«, murmelte sie. »Außerdem – ich bin von zu Hause ausgezogen, um selbständig zu sein und mich selber zu versorgen. Dein Angebot ist sehr verlockend, aber ich fühle mich noch viel zu jung für so eine eheähnliche Gemeinschaft.«

Cornelius schwieg eine Weile.

Franziska musterte ihn aufmerksam. »Bist du böse?« fragte sie zaghaft. »Ich meine, ich wäre es vielleicht an deiner Stelle.«

Cornelius schüttelte den Kopf. »Nein«, sagte er. »Nur enttäuscht. Weil dir eure Mädchen-WG wichtiger ist als ich.«

Franziska hatte ein schlechtes Gewissen. »Hey«, lenkte sie ein, »ich bin erst zwanzig. Findest du nicht, daß du mir noch ein bißchen Zeit lassen solltest?«

»Du bist fast einundzwanzig«, sagte Cornelius kleinlich. »Und ich dachte, du liebst mich.«

Das dachte ich auch, gestand sich Franziska beschämt. An manchen Tagen war Cornelius genau der Richtige, der Mann, mit dem sie alt werden wollte. Aber es gab auch andere Tage. Heute war so einer. Vielleicht lag es an der Krawatte.

»Ich denke darüber nach«, sagte sie. »Ich meine, über deine Idee mit dem Zusammenziehen.«

»Ja, tu das. Es wäre sowieso nicht sofort aktuell. Wir müßten uns in Ruhe nach etwas Geeignetem umgucken und dann meine alte Wohnung kündigen. So was braucht Zeit.«

Ich auch, dachte Franziska. Der sonnenverwöhnte Kellner brachte Getränke an den Nachbartisch. Dabei lächelte er ihr wieder zu. Franziska seufzte. Das Leben war wirklich ganz schön kompliziert.

2

Matilda knöpfte die Bluse vorsichtshalber noch weiter auf. Professor Tobias war zwar schon weit über die Sechzig und hatte bereits mehrere Enkelkinder, aber er war trotzdem ein Mann – und Männer mochten Matildas Dekolleté. Wenn es auch in diesem Fall wenig nutzen würde. Matildas Hausarbeit war schon vor zwei Wochen fällig gewesen, und nur Professor Tobias' ganz besonderer Nachsicht hatte sie diesen Aufschub zu verdanken. Aber die zwei Wochen waren verflogen wie zwei Tage – ehe sie sich versah, waren sie vorbei, und sie hatte immer noch keine einzige Zeile über die Renaissance geschrieben. Das würde der Prof wohl kaum glauben – und selbst wenn, es würde ihr nichts nutzen. Zu dumm, daß der Alte gleichzeitig Gesang *und* Musikgeschichte unterrichtete. Er wußte, daß sie in den letzten Wochen keinesfalls mit einer schweren Grippe im Bett gelegen hatte oder sonst etwas zu ihrer Entschuldigung vorbringen konnte.

Matilda seufzte, ihrem Schicksal ergeben. Am besten, sie versuchte es mit der Wahrheit, einem seelenvollen Augenaufschlag und dem tiefen, tiefen Dekolleté. Vor Tobias' Sprechzimmer setzte sie zusätzlich noch eine besonders zerknirschte Miene auf.

Gerade als sie die Hand hob, um zu klopfen, öffnete sich die Tür von innen, und Professor Tobias geleitete einen Besucher heraus. Matilda trat unbemerkt einige Schritte zurück.

»Ich werde sehen, was ich tun kann«, sagte Tobias und schüttelte seinem Besucher die Hand. Es war ein jüngerer Mann, groß und breitschultrig, mit schwarzem, dichtem Haar und einer nobel gebogenen Nase.

Matilda vergaß auf der Stelle, ein zerknirschtes Gesicht zu machen. Sie hatte eine Schwäche für Männer mit Hakennasen.

»Es ist ein schlechter Chor«, sagte der junge Mann mit warmer, tiefer Stimme. »Es ist mir wirklich peinlich, Sie um eine gute Solistin zu bitten, aber der Vorsitzende ist gleichzeitig der stellvertretende Bürgermeister, und auf dem Land herrschen harte Sitten.«

Der alte Professor winkte ab. »Das verstehe ich doch, mein lieber Marius. Ich werde eine meiner besten Studentinnen fragen, für die Mädchen ist so ein Auftritt immer eine gute Übung, egal wie schlecht der Chor ist. Und so schlecht kann er ja nicht sein, wenn ursprünglich Christiane Wecker den Sopran singen wollte.«

Der andere lachte und zeigte seine schönen Zähne. Unwillkürlich mußte auch Matilda lächeln.

»Christiane Wecker ist die Schwiegertochter des Vorsitzenden«, erläuterte der Typ. »Weiß der Himmel, womit er sie geködert hatte. Allerdings kann ich mir vorstellen, daß sie sehr froh ist, diese unangenehme Stimmbandgeschichte erwischt zu haben. Ich denke, Sie werden keine Freiwillige finden, wenn Sie die volle Wahrheit sagen.«

Das glaube ich auch nicht, dachte Matilda. Wer will schon in einem Kuhdorf auftreten?

Der Hakennasige seufzte. »Sie machen sich keine Vorstellung von dem, was sich über dem idyllischen Herrenhausen zusammenbraut: Die *Carmina Burana* hängen über dem Ort wie ein Damoklesschwert. Fast alle Bewohner dieser Zweitausend-Seelen-Gemeinde sind eingespannt worden. Das Orchester setzt sich zusammen aus dem Bläserkorps des Schützenvereins, dem Streichquartett der Realschule und einigen bis dahin völlig unbehelligten Instrumentalisten, die ihrer Passion bisher im stillen Kämmerchen frönten. Der Männergesangverein hat sich mit dem evangelischen und dem katholischen Kirchenchor zusammengetan, die Knabenpartien singt der eigens zu diesem Zweck aus der Grundschule rekrutierte Kinderchor. Man hat für Zigtausend Mark einen zweiten Flügel angeschafft, der vermutlich nie wieder gebraucht wird. Der pensionierte Metzgermeister singt den Bariton, und den Tenorpart übernimmt der Herr stellvertretende Bürgermeister selber.«

Matilda lief ein Gruselschauder über den Rücken. Kein Wunder, daß die großartige Wecker bei solchen Aussichten Knoten auf den Stimmbändern bekommen hatte.

»Davon werden wir natürlich nichts verraten«, sagte Tobias lächelnd. »Wenn wir sagen, daß ursprünglich Christiane Wecker die Partie singen sollte, werden wir eine Studentin finden, die das ›Dulcissime‹ so süß singt, daß den Herrenhausenern die Tränen in die Augen schießen.«

Darüber mußte Matilda kichern. Die beiden Männer drehten sich zu ihr um. Sie sahen beinahe erschrocken aus. Matilda fand das komisch.

»Entschuldigung«, kicherte sie. »Ich war unfreiwillig Zeuge Ihres Gespräches. Aber ich werde nichts verraten.«

»Wollten Sie zu mir?« fragte Tobias streng, und da fiel Matilda die Hausarbeit wieder ein. Schlagartig hörte sie auf zu lachen.

»Ja«, murmelte sie kleinlaut. Zu blöd aber auch!

»Worum geht es denn?« wollte Tobias wissen, und Matilda erwartete, daß der hakennasige Herrenhausener sich jetzt höflich verabschieden würde. Aber nein, er tat nichts dergleichen. Er blieb neben Tobias stehen und sah sie mindestens genauso erwartungsvoll an wie der Professor.

»Also, das ist persönlich«, sagt sie zu Tobias, in der Hoffnung, er würde den anderen endlich wegschicken. Sie wollte nicht, daß er Zeuge ihres peinlichen Geständnisses sein würde.

Aber Tobias lächelte nur. »Das eben war auch persönlich.«

Die Hakennase blieb stehen und lächelte ebenfalls. Matilda seufzte. Er hatte wirklich tolle grüne Augen mit extrem langen Wimpern. Matilda hatte eine Schwäche für Männer mit langen Wimpern.

»Die Hausarbeit über Renaissancekomponisten in Italien«, erklärte sie kapitulierend. »Ich habe sie immer noch nicht fertig.«

Tobias runzelte die Stirn. »Ich dachte, ich hätte Ihnen schon einen zweiwöchigen Aufschub gewährt?«

»Ja«, gestand Matilda. »Das war auch sehr nett von Ihnen. Aber . . .« Sie seufzte wieder. Mit Tobias allein wäre sie ja noch fertig geworden, aber nach dieser Szene und in Anwesenheit des anderen Kerls – sie wußte, wann sie verloren hatte!

»Tja«, sagte Professor Tobias nachdenklich. Er wandte sich an seinen Gast: »Das ist eine Studentin aus meiner Gesangsklasse im dritten Semester«, erklärte er. »Sopran, recht begabt.«

Der Mann grinste. »Begabt genug für die Herrenhausener Festspiele?«

Matilda öffnete erschreckt den Mund.

»Allemal«, sagte Tobias und rieb sich vergnügt die Hände. »Wie sieht es aus, Frau – äh – Sommer, haben Sie am fünfzehnten November schon was vor?«

»O nein, das können Sie mit mir nicht machen«, sträubte sich Matilda.

»Würden Sie lieber Musikgeschichte im nächsten Semester wiederholen?« fragte der Professor streng.

»Nein«, sagte Matilda schnell. »Oder doch. Das ist eiskalte Erpressung. Ich weiß nicht, was schlimmer ist.«

Der schöne Hakennasige lachte. »Kommen Sie, Sie sind noch so jung«, sagte er. »Der Auftritt im Gemeindesaal von Herrenhausen könnte Ihr Durchbruch werden. Sie bekommen Honorar – und eine Kritik im ländlichen Teil des Kölner Stadtanzeigers gratis dazu. Egal, wie Sie singen, ich werde Sie in den Himmel loben, das verspreche ich.«

»Sie sind Musikkritiker?« Das war natürlich was anderes. Solche Leute konnte man sich nicht früh genug warmhalten. Matilda wagte ein zaghaftes Lächeln. Der Typ lächelte kumpelhaft zurück.

Professor Tobias sah sie immer noch streng an.

»Wir werden die Partie in der nächsten Woche einstudieren«, erklärte er. »Und bis dahin habe ich die Hausarbeit auf dem Tisch. Ich hoffe, Sie nutzen die Chance, die ich Ihnen hiermit gebe, denn sonst sehe ich wirklich schwarz für Sie. Haben wir uns verstanden?«

»Ja«, seufzte Matilda.

Der Musikkritiker sagte dem Professor Aufwiedersehen.

»Dann also bis zum fünfzehnten November im schönen Herrenhausen«, verabschiedete er sich von Matilda.

»Ja«, antwortete Matilda. »So wird es wohl sein.«

Als sie sich auf den Weg in die Mensa machte, lächelte sie vor sich hin.

Es hätte schließlich schlimmer kommen können. Immerhin mußte sie Musikgeschichte nicht wiederholen, *und* sie würde den Typ mit der Hakennase wiedersehen!

3

»Du hast *was?*« Caroline saß in Johannes' alter Ente und traute ihren Ohren nicht.

»Mußt du so ein Gesicht ziehen?« fragte Johannes. »Ich hatte mich auf einen schönen Abend mit dir gefreut.«

»Damit ist es ja jetzt wohl vorbei«, entgegnete Caroline. »Wenn du einen schönen Abend haben wolltest, hättest du mir nicht erzählen sollen, daß du mich betrogen hast.«

»Betrogen!« Johannes lachte. »Das ist wieder mal ein typisches Caroline-Wort. Genauso antiquiert wie ›fremdgehen‹.«

Caroline antwortete nicht. Wie sollte man diesen Tatbestand denn noch bezeichnen? Johannes hatte mit einer anderen Frau geschlafen, obwohl er mit ihr, Caroline, zusammen war. Das nannte man nun mal betrügen oder fremdgehen! Er aber schien das nicht weiter tragisch zu finden.

»Sieh mal, Maus«, sagte er. »Es wäre so leicht gewesen, dir nichts davon zu sagen. Aber wir haben doch eine ehrliche Beziehung, und da wollte ich dir diese Sache mit Vanessa nicht verschweigen. Obwohl es nichts zu bedeuten hat.«

»Haha«, machte Caroline.

Johannes legte seinen Arm um ihre Schultern und pustete sanft die Locken aus ihrem Nacken. Normalerweise liebte Caroline diese Art von Zärtlichkeit über alles.

Heute nicht. »Laß das«, befahl sie. Es hatte sich ausgepustet,

»Ach komm schon, Maus. Hör auf, dich wie eine Zehnjährige zu benehmen. Wenn wir jetzt nicht aussteigen, kommen wir zu spät. Im Kino hat längst die Werbung begonnen.«

Sie parkten nämlich bereits seit einer Viertelstunde in der Tiefgarage unter dem Kino. Gerade als sie hatten aussteigen wollen, war Johannes mit der aus seiner Sicht völlig unbedeutenden Episode herausgerückt, die das etwas erweiterte Zusammensein mit seiner Kommilitonin betraf.

Jetzt hatte Caroline verständlicherweise keine Lust mehr auf den Film. Sie sah Johannes von der Seite an. Das war hoffentlich nicht sein Ernst, einfach wieder zur Tagesordnung überzugehen, nachdem er ihr gesagt hatte, daß er mit dieser Vanessa nicht nur für die Psychologieklausur gelernt hatte.

»Du bist ja so . . .«, sagte sie empört.

Johannes machte jetzt ein ärgerliches Gesicht. Er ließ sich in den Fahrersitz zurückfallen und seufzte. »Ich hätte es wissen sollen«, meinte er. »Da sieht man wieder mal, wie Ehrlichkeit belohnt wird.«

»Oh, du wolltest belohnt werden?« rief Caroline. »Dafür, daß du mit dieser Ziege Vanessa geschlafen hast! Das hättest du vorher sagen sollen. Dann hätte ich dir noch ein kleines Dankeschön besorgen können. Bist du eigentlich nicht ganz dicht?«

»Du bist hier nicht ganz dicht«, entgegnete Johannes und tippte sich an die Stirn. »Denn du bist diejenige, die uns den ganzen Abend verdirbt und aus jeder Mücke einen Elefanten macht. Außerdem ist Vanessa keine

Ziege. Sie ist sehr nett. Und vor allem erwachsen, was man von dir wohl nicht behaupten kann.«

Caroline schnappte empört nach Luft.

»Ja schön, ich habe mit einer Frau geschlafen und, ja schön, es war wunderbar«, fuhr Johannes fort. »Was ist denn schon dabei? Ich liebe dich, und das weißt du auch, weil ich es dir oft genug sage! Wir haben eine schöne Zeit miteinander, und wenn es nach mir geht, dauert das auch noch ein paar Jahre an. Aber deshalb sind wir nicht die einzigen Menschen auf dieser Welt. Es gibt andere Männer und andere Frauen, und wir können nun mal nicht unsere Augen zumachen, wenn wir denen über den Weg laufen. Es wird immer wieder Menschen geben, die man gern mag und mit denen man gern seine Zeit verbringen möchte, geht das denn nicht in dein kleines Spießerhirn?«

Caroline hätte ihm zu gern eine runtergehauen.

»Ach ja? Zeit verbringen nennst du das?« schrie sie. »Und ich mache aus einer Mücke einen Elefanten? Daß ich nicht lache! Du machst doch hier viel eher einen Elefanten zur Mücke. Zeit verbringen, ha, sehr witzig! Das klingt ja so, als wärst du mit dieser Vanessa bloß mal im Kino gewesen!«

»Ob man nun zusammen ins Kino geht oder miteinander schläft – wo ist da bitte der Unterschied?« fragte Johannes.

Caroline schüttelte fassungslos den Kopf. »Vermutlich weißt du das tatsächlich nicht«, murmelte sie.

»Entschuldige bitte mal«, sagte Johannes. »Auf *diesem* Gebiet kannst *du* ja wohl gar nicht mitreden.« Womit er haarscharf Carolines Achillesferse traf.

»*Das* ist es also«, rief sie und mußte sogleich mit den

Tränen kämpfen. »Du hast mit einer anderen Frau geschlafen, weil ich nicht mit dir schlafe, stimmt's?«

Johannes legte die Hände vor sich auf das Lenkrad. »O Gott, nicht schon wieder diese Leier«, sagte er genervt.

»Aber es stimmt doch?« fragte Caroline, und die ersten Tränen kullerten ihr schon über die Wangen.

»Nein, es stimmt nicht, und das habe ich dir auch schon eine Million mal gesagt. Es macht mir nichts aus, daß du damit noch warten willst, im Gegenteil, es schmeichelt mir sogar, daß ich der erste bei dir sein werde. Und das hat überhaupt nichts damit zu tun, ob ich Lust auf andere Frauen habe oder nicht.«

»A-a-aber wenn ich mir dir schlaf-f-fen würde, dann würdest du auch nicht mit anderen Frauen schlafen, das kannst du ruhig zugeben«, schluchzte Caroline. Sie ärgerte sich über ihre Tränen, denn in der Regel konnte sie ganz gut streiten. Aber bei diesem Thema war sie nun mal sehr empfindlich, und wer weint, kann nicht mehr gut argumentieren und ist damit automatisch der Verlierer. Caroline haßte es, der Verlierer zu sein.

»Nein, verdammt noch mal«, rief Johannes. »Wie oft soll ich denn das noch sagen?«

Caroline schniefte.

»Aber wenn du wegen deiner Jungfräulichkeit solche Komplexe hast, dann verstehe ich nicht, warum du diesen Zustand nicht endlich änderst«, setzte Johannes hinzu. »Besser heute als morgen.«

Caroline wischte sich augenblicklich die Tränen aus dem Gesicht. Ich schlafe doch nicht mit einem Kerl, der mich eben noch betrogen hat, dachte sie. Da kannst du warten, bis du schwarz wirst.

Johannes sah auf die Uhr. »Na toll«, sagte er. »Das

Kino können wir jetzt jedenfalls abhaken. Können wir wenigstens essen gehen? Ich habe Hunger wie ein Wolf.«

Caroline gab keine Antwort.

»Männer sind doch alle gleich«, murmelte sie nach einer Weile.

Johannes stöhnte. »Du solltest noch mal in Ruhe über das nachdenken, was du mir vor nicht allzu langer Zeit über Toleranz gesagt hast.«

»Ich soll mir wohl intolerant und spießig vorkommen, weil ich mich nicht darüber freue, wenn du mit einer anderen schläfst, das willst du, ja«, rief Caroline.

Seufzend ließ Johannes den Motor an, legte den Rückwärtsgang ein und lenkte den Wagen aus der Tiefgarage unter dem Cinedom. »Am besten, ich fahre dich nach Hause.«

»Und du fährst zu Vanessa, nehme ich an«, giftete Caroline.

Verärgert biß sich Johannes auf die Lippen. »Es ist besser, du sagst jetzt nichts mehr«, drohte er, »sonst kannst du nämlich zu Fuß nach Hause gehen.«

Caroline setzte sich mit einem Ruck kerzengerade auf. »Das will ich sowieso«, rief sie. »Halt sofort an! Sofort! Hörst du?«

Johannes bremste scharf, und sie öffnete die Autotür. Aber dann zögerte sie. *Eine* Chance sollte er noch bekommen.

»Ich gehe jetzt wirklich«, sagte sie sanfter.

Johannes zuckte nur mit den Schultern. »Bitteschön, wenn du unbedingt willst! Frische Luft tut gut bei hysterischen Anfällen.«

Nee! So doch nicht! Der hatte seine Chance gehabt!

Caroline raffte ihren Rucksack unter dem Sitz hervor, sprang auf und knallte die Autotür zu, so fest sie konnte.

»Arschloch!« zischte sie. So was sagte sie sonst nie.

Johannes gab Gas. Er wartete nicht einmal, ob sie wirklich ging.

Caroline sah ihm wütend hinterher. Dann suchte sie nach einem Ausgang aus der Tiefgarage. Es war zwar erst kurz nach acht, aber durchaus möglich, daß der gemeine Parkhausmörder schon Ausschau hielt nach einem jungen, schutzlosen Ding, wie sie eines war. Und es war Johannes' Schuld, wenn man sie morgen früh hier finden würde, mit durchschnittener Kehle, die langen roten Lokken blutverklebt, oder auch einfach nur erwürgt. Dieser Widerling!

»Ich wünschte, er würde gegen einen Brückenpfeiler fahren und sich alle Rippen brechen«, sagte sie vor sich hin, und diese Vorstellung tat ihr unheimlich gut.

Als sie am oberen Ende der Treppe ins Freie trat und ihr einfiel, daß sie ja den Parkausweis in ihrem Rucksack hatte, ging es ihr gleich noch einen Tick besser. Ohne den Ausweis würde Johannes bis übermorgen im Parkhaus herumkurven müssen! Aber das hatte er verdient!

Sie rannte, so schnell sie konnte, zur U-Bahn-Station, damit Johannes sie auf keinen Fall mehr einholen konnte, wenn er das mit dem Parkausweis bemerkte. Und das würde spätestens an der Schranke der Fall sein.

Als sie an die Haltestelle kam, fuhr gerade die Sechs ein, wie bestellt. Caroline zerriß den Parkschein in kleine Fetzen, warf sie in einen Papierkorb und stieg in die Bahn, ohne sich noch einmal umzusehen.

4

Als Franziska nach Hause kam, saß Caroline auf der Treppe vor dem Hauseingang und fror wie ein Schneider.

»Endlich«, sagte sie und klapperte mit den Zähnen. »Ich erfriere und verhungere.«

»Was machst du hier draußen?« fragte Franziska.

»Ich habe meinen Schlüssel in Johannes' Auto vergessen«, erklärte Caroline kleinlaut.

»Und wo ist Johannes?«

Caroline stand auf. »Woher soll ich das wissen? Vermutlich bei einer Kommilitonin namens Vanessa.«

»Aha.« Franziska schloß die Tür auf. »Und warum hast du nicht geklingelt?«

»Was meinst denn du?« sagte Caroline ärgerlich. »Natürlich habe ich geklingelt. Aber es hat niemand aufgemacht. Matilda ist zu einem Konzert an der Musikhochschule.«

»Und Ollie und Benedikt?«

»Da war auch keiner. Oder was denkst du, warum ich bei diesem Wetter hier draußen sitze?«

»Und Herr Kleinschmidt? Der hat doch einen Ersatzschlüssel?« Franziska ließ nicht locker.

»Ehe ich bei Herrn Kleinschmidt Unterschlupf gesucht hätte, wäre ich lieber auch noch verdurstet«, antwortete Caroline.

Die Freundin nickte verständnisvoll. Nebeneinander stiegen sie die Stufen hinauf bis zum dritten Stock.

»Wer ist Vanessa?« wollte Franziska unterwegs wissen.

»Johannes hat mit ihr geschlafen«, erzählte Caroline. »Gestern.«

»Oh.«

»Ja«, erregte sich Caroline. »Das habe ich auch gedacht. Aber Johannes sagt, das habe nichts zu bedeuten.«

»Oh«, machte Franziska wieder.

»Er behauptet, ich sei kleinlich, spießig und intolerant, weil ich das nicht verstehe.«

»Hast du ihm eine reingehauen?« fragte Franziska.

»Ich habe seinen Parkschein mitgenommen«, sagte Caroline finster.

»Und er deinen Schlüssel, touché.«

»He, warte mal«, zischte Caroline und stieß Franziska in die Rippen. »Da ist jemand in der Wohnung.«

Sie zeigte auf den Türspalt. »Licht, siehst du?«

»Das ist vermutlich Matilda«, sagte Franziska.

Caroline schüttelte den Kopf. »Ich habe geklingelt, aber niemand hat aufgemacht! Das sind Einbrecher, Franziska. Wir müssen die Polizei rufen.«

»Du spinnst. Das ist Matilda. Sie war in der Badewanne oder so, als du geklingelt hast«, sagte Franziska und zückte schon den Schlüssel.

Aber Caroline fiel ihr in den Arm. »Das *sind* Einbrecher!«, flüsterte sie. »Ich habe über eine Stunde da unten auf der Treppe gehockt und im Abstand von fünf Minuten geklingelt. Und zwar unser geheimes Notsignal! Wenn Matilda in der Wohnung wäre, hätte sie mir aufgemacht.«

Franziska zögerte.

»Laß uns die Polizei rufen«, flüsterte Caroline.

»Ach, Blödsinn«, widersprach Franziska und steckte den Schlüssel ins Schloß.

Caroline sah sich nach einer Waffe um. Sie fand nur den Besen, der neben der Tür im Hausflur lehnte und die drei Mädchen täglich mahnte, daß sie mit dem Treppenhausreinigen an der Reihe waren.

»Du weißt doch noch«, zischte sie, »zuerst in die Augen, dann zwischen die Beine und zum Schluß vors Schienbein.«

Franziska kicherte nervös. Hintereinander schlichen sie in die Wohnung. Im Flur war niemand zu sehen.

Franziska inspizierte die Garderobe. »Matildas Sachen sind nicht da«, flüsterte sie.

Caroline wurden die Knie ganz weich vor Angst. »Ich ruf' jetzt die Polizei«, hauchte sie.

»Sei nicht albern!« Franziska bog in die Küche ein. Caroline folgte mit gezücktem Besen. Die Küche sah aus wie das Epizentrum eines Erdbebens der Stärke 5 auf der oben offenen Richterskala – aber darüber wunderten sich die beiden nicht. Wenn Matilda Küchendienst hatte – und sie war diese Woche an der Reihe –, dann sah es hier immer so aus.

»Niemand da«, sagte Franziska.

»Aber ich höre Stimmen«, flüsterte Caroline. »Du nicht?«

Franziska horchte. Tatsächlich, da waren eindeutig Geräusche. Mit energischen Schritten ging sie zurück in den Flur.

»Das kommt aus Matildas Zimmer«, erklärte sie. »Der Fernseher läuft.«

»Die Einbrecher probieren sicher aus, ob es sich überhaupt lohnt, ihn zu klauen«, mutmaßte Caroline.

Franziska warf ihr einen fragenden Blick zu. »Wie war das noch? Erst in die Augen, dann in die Eier und dann vors Schienbein?«

Caroline nickte. »So fest du kannst.«

Franziska stieß die Tür auf. Hinter ihr sprang Caroline mit gezücktem Besen in den Raum. »Hände hoch!‹ schrie sie.

Der Mann in Unterhosen, der auf Matildas Bett gelegen hatte, sprang auf die Füße.

»Hilfe!« schrie er.

Caroline ließ den Besen sinken. »Claudius!« rief sie. »Was machst du denn hier?«

»Mann, habt ihr mich erschrocken«, sagte der Eindringling und ließ sich wieder auf das Bett plumpsen. »Macht das nie wieder, hört ihr?«

»Was suchst du denn hier?« fragte Franziska. »Und wo ist Matilda?«

Claudius heftete seine Augen wieder auf den Bildschirm. »Pssst! Das Spiel dauert noch zehn Minuten!«

»Wo ist Matilda?« wiederholte Franziska.

Claudius drehte den Fernseher lauter. »Sie wollte zu einem Konzert, glaube ich. Ich konnte nicht mitkommen wegen des Fußballspiels. Pokalendspiel, versteht ihr? Eh, da vorne! Der Schieri hat wohl Tomaten auf den Augen!«

»Hast du keinen Fernseher bei dir zu Hause?« wollte Franziska wissen.

»Was? Doch klar, aber hier ist es gemütlicher. Los jetzt, macht Dampf da vorne!«

»Also«, begann Franziska, aber Caroline zog sie und den Besen aus dem Zimmer.

»Komm, wir essen erst mal was«, schlug sie vor. »Auf den Schreck!«

»Ich finde das nicht in Ordnung«, sagte Franziska. »Der Typ hängt nur noch hier rum, als wäre das seine Wohnung. Und jetzt sogar, wenn Matilda gar nicht da ist. Wie findest du denn das?«

»Also, ich weiß nicht«, meinte Caroline und ging zum Kühlschrank. »Er ist schließlich Matildas Freund. Man kann ihm wohl kaum die Wohnung verbieten. Wenn dein Cornelius hier ist, stört mich das ja auch nicht.«

»Also, Cornelius ist irgendwie anders«, hielt Franziska dagegen. »So unaufdringlich. Außerdem ist er nicht jeden Tag hier und guckt fern wie ein Bescheuerter.«

Im Kühlschrank herrschte gähnende Leere.

»Ich habe doch erst gestern eingekauft«, wunderte sich Caroline. »Mindestens zehn Fruchtjoghurts, Käse und Aufschnitt. Kannst du mir verraten, wo das Zeug jetzt ist?«

Franziska lächelte grimmig. »Frag doch mal den Fußballfan da drinnen!«

»Ich habe Hunger«, klagte Caroline und öffnete den Oberschrank. »Oh, Mann das ganze Toastbrot ist auch weg.«

»So ein Fußballspiel macht Appetit«, sagte Franziska, die ja schon einen Salat mit gegrillten Putenbruststreifen zu sich genommen hatte.

»Ich bringe ihn um«, rief Caroline. »Sieh mal, selbst der Schokoladenkuchen ist weg. Dabei war der noch eingeschweißt!«

»Ja«, erklärte Franziska solidarisch und hielt ihr den Besen hin. »Ich finde, das geht zu weit.«

Als sie das zweite Mal in Matildas Zimmer kamen, spielten sich gerade dramatische Szenen vor dem gegnerischen Tor ab. Claudius saß kerzengerade in Matildas riesigem Himmelbett und hielt die Luft an.

»Wo ist der Marmorkuchen?« fragte Caroline laut.

»Schschscht«, rief Claudius.

»Wo ist der Aufschnitt? Ich hatte zwei Lagen Lachsschinken gekauft! Und Leberwurst! Und jede Menge Käse!«

»Schschscht«, rief Claudius wieder. »Oh, mein Gott, das gibt 'ne Ecke. Wenn ihr Jungs so weitermacht, kassiert ihr noch ein Tor in allerletzter Minute!«

Franziska ging um das Bett herum. Auf Matildas Nachttisch stand ein Tablett mit den Resten des Marmorkuchens und jeder Menge Zellophanpapier. Dazwischen lag ein kleiner Klumpen Gouda, an dem offensichtlich jemand mit den Zähnen herumgenagt hatte.

»Da hast du deine Vorräte, Caroline«, sagte sie.

»Oh«, rief Caroline, und ihr Magen knurrte wütend. »Das geht wirklich zu weit! Du hast nicht mal was fürs Frühstück übriggelassen, du – du Parasit!«

Claudius reagierte nicht. Seine Augen starrten wie gebannt auf den Bildschirm. Franziska nahm kurzerhand die Fernbedienung aus seinen schweißnassen Händen und drückte auf den Power-Knopf.

Da kehrte das Leben in Claudius zurück. »Hey!« brüllte er. »Bist du von Sinnen?«

Franziska brachte die Fernbedienung in Sicherheit.

Caroline inspizierte in der Zeit das kahlgefressene Tablett. »Du bist unmöglich!« rief sie außer sich.

»Was soll denn das?« empörte sich Claudius. »Ich will nichts, als in Ruhe mein Fußballspiel zu Ende gucken. Euretwegen habe ich jetzt die entscheidende Szene verpaßt. Gib sofort die Fernbedienung wieder her, Franziska.«

»Nein, du Freßsack in Unterhosen«, sagte Franziska schadenfroh. »Du bekommst hier überhaupt nichts mehr.«

»Nicht mal fürs Frühstück hast du was übriggelassen«, beschwerte sich Caroline.

»Das ist nicht wahr«, verteidigte sich Claudius. »Euer Körnerknäckebrot habe ich nicht mal angerührt, und auch nicht diese ekelige Diätmargarine.«

Caroline schnaubte empört. »Du bist wirklich unglaublich dreist. Ich frage mich, wie Matilda es mit dir aushält. Du frißt dich hier schon seit Wochen auf unsere Kosten durch, das ist einfach das Letzte.«

Claudius erhob sich. »Wenn ich etwas nicht leiden kann, dann sind es keifende Weiber!«

Franziska nahm den Besen aus Carolines Hand und stupste Claudius den Stiel in den Bauch. »Und wenn ich etwas nicht ausstehen kann, dann sind das asoziale Maden wie dich, die sich auf anderer Leute Kosten den Bauch vollschlagen. Wenn Matilda dich überhaupt noch mal sehen will, dann nur außerhalb dieser Wohnung, ist das klar? Hau jetzt endlich ab!«

Sie stieß den Besenstiel etwas fester in Claudius' Magen.

Caroline fiel ihr in den Arm. »Nicht so fest. Gleich erbricht er den Marmorkuchen.« Mit spitzen Fingern klaubte sie seine Schuhe vom Fußboden, ebenso seine Hose und seinen Pulli. »Verschwinde besser«, sagte sie. »Franziska kann sehr brutal werden, wenn sie wütend ist.«

»Wenigstens anziehen wird man sich ja wohl noch dürfen«, sagte Claudius kleinlaut.

Franziska stocherte ihn mit dem Besen zur Tür. »Im Treppenhaus«, erklärte sie, »da kannst du dich ganz in Ruhe anziehen.«

Caroline warf seine Sachen vor die Wohnungstür.

»Ich glaube nicht, daß Matilda begeistert von euch sein wird«, versuchte Claudius, ihnen ins Gewissen zu reden. »Vielleicht habt ihr vergessen, daß sie mich liebt.«

»Vielleicht hast du vergessen, wann sie dir das das letzte Mal gesagt hat«, konterte Franziska.

»Wenn Matilda hungrig nach Hause kommt und nur noch einen angenagten Käsebrocken vorfindet«, fügte Caroline hinzu, »dann ist es sowieso vorbei mit ihrer Liebe.«

»Hysterische Weiber«, schimpfte Claudius, inzwischen vom Besen ins Treppenhaus getrieben.

»Leb wohl«, sagte Franziska und schlug ihm die Tür vor der Nase zu.

»Meine Socken!« klagte Claudius von draußen.

Caroline machte Anstalten, die Socken zu suchen, aber Franziska hielt sie zurück.

»Verschwinde«, rief sie in den Flur hinaus. »Du glaubst doch hoffentlich nicht, daß wir deine Stinkesocken auch nur mit der Zange anfassen? Verschwinde gefälligst ohne diese Prachtexemplare!«

»Scheißweiber«, lautete Claudius' Kommentar.

»Die Socken gegen den Marmorkuchen«, rief Caroline. »Da bist du noch gut weggekommen.«

»Was ist denn hier los?« meckerte eine andere Stimme draußen.

Franziska stieß Caroline fröhlich in die Rippen. »Das ist die Alte aus dem zweiten Stock«, kicherte sie. »Ich wette, jetzt zieht sich der Typ in Rekordzeit an.«

Sie horchten in den Flur hinaus.

Franziska hatte recht. Noch keine zehn Sekunden waren vergangen, da hörten sie Claudius die Treppe hinunterhasten.

»Der ist weg«, bemerkte Franziska zufrieden.

»Und jetzt?« fragte Caroline und legte sich die Hand auf den Magen.

Franziska grinste. »Du hast es ja gehört. Knäckebrot und Diätmargarine sind noch da.«

5

Matilda hörte sich die Geschichte von Claudius' Rausschmiß gelassen an. Es war kurz nach zehn Uhr, als sie nach Hause kam, und von Claudius waren nur noch seine Socken geblieben. In einem Anfall von Gewissensbissen hatten Caroline und Franziska alle Spuren seiner Fernseh-Freßorgie beseitigt, hatten gespült, gestaubsaugt und sogar Matildas Bett frisch überzogen.

»Wunderbar«, sagte Matilda und bohrte ihre Nase in das Kissen.

»Tut uns echt leid, wenn du jetzt Ärger bekommst«, rechtfertigte sich Caroline, die lustlos an einem trockenen Knäckebrot herumkaute. »Ich meine, wir wollten dir keinen Kummer machen.«

Franziska schnaubte nur.

»Ach was«, tat Matilda gelassen. »Ich bin sowieso nur noch mit Claudius zusammen, weil ihr mir immer sagt, ich könnte keine dauerhafte Beziehung führen.«

»Haha«, sagte Franziska. »Mit keinem Wort habe ich dir dazu geraten, die Beziehung mit diesem Freßsack aufrechtzuerhalten.«

»Vielleicht nicht mit Worten«, gab Matilda zu. »Aber allein durch euer Vorbild habt ihr das getan.«

»Wie bitte?«

»Was meinst du, wie man sich fühlt, wenn man ständig von solch glücklichen Traumpaaren umgeben ist, wie du und Cornelius eines seid«, sagte Matilda. »Oder Caroline und Johannes.«

Carolines Knäckebrot schmeckte auf einmal wie Pappe.

»Von wegen Traumpaar«, entgegnete sie. »Johannes hat mir heute abend eröffnet, daß er mit seiner Kommilitonin geschlafen hat, einfach mal so.«

»Oh«, staunte Matilda. »Er hat Schluß gemacht?«

»Nein«, antwortete Caroline und dachte nach. »Ich glaube nicht. Er hat mir einfach nur gesagt, daß er mit dieser Vanessa geschlafen hat. Und dann hat er sich geärgert, weil ich darüber nicht erfreut war.«

»Er hat es dir freiwillig erzählt?« fragte Matilda verblüfft. »So was hält man doch in der Regel geheim.«

»Ja, aber nicht Johannes. Er ist der Meinung, daß wir eine offene Beziehung führen. Sex mit einer anderen Frau hat für unsere Beziehung überhaupt nichts zu bedeuten, sagt er«, antwortete Caroline. »Dummerweise habe ich es persönlich genommen. Für ein paar Sekunden kam mir der Gedanke, er würde bei einer anderen das suchen, was er bei mir nicht bekommt.«

»Du meinst Sex«, sagte Matilda spöttisch. »Der Gedanke wäre mir an deiner Stelle allerdings auch gekommen.«

Caroline guckte sie böse an. »Wir haben ja Sex. Viel Sex sogar. Wir haben nur nicht, ähm – wir machen nur keinen – äh, also, wir haben jetzt noch nie . . .«

»Geschlechtsverkehr«, half Franziska nach. »Ihr habt noch nie miteinander geschlafen.«

»Genau«, bekräftigte Caroline. »Damit wollte ich warten, bis ich ihm so richtig vertraue.«

»Vielleicht hast du zu lange gewartet«, sagte Matilda.

»Wie soll ich denn jemandem vertrauen, der mich betrügt?« Caroline biß verdrossen in ihr Knäckebrot. »Ich habe so eine Wut auf ihn. Aber wißt ihr, was komisch ist?«

Die beiden anderen schüttelten den Kopf.

»Ich bin nur wütend, aber kein bißchen traurig«, sagte Caroline. »Ich glaube, ich liebe ihn gar nicht wirklich.«

»Jedenfalls jetzt nicht mehr. Sehr klug«, meinte Franziska. »Das würde ich auch nicht tun, an deiner Stelle.«

»Das ist ja eine ganz neue Entwicklung«, meinte Matilda nachdenklich.

»Du siehst, die beiden sind ein richtiges Traumpaar«, sagte Franziska. »Genau wie Cornelius und ich. Cornelius hat mir heute gesagt, daß er befördert wurde, und möchte, daß wir zusammenziehen.«

»Was?« fragte Caroline. »Wann denn?«

»Sobald wie möglich«, antwortete Franziska.

»Wahnsinn!« rief Caroline neidisch. »Ihr seid wirklich ein Traumpaar.«

Matilda sah Franziska besorgt an. »Und was hast du gesagt?«

Franziska schüttelte traurig den Kopf. »Ich habe nein gesagt. Was denkst denn du?«

»Aber warum?« rief Caroline.

»Weil ich – ich kann mir das einfach nicht vorstellen. Ich bin zwanzig, und mein Leben hat eben erst begonnen. Meinst du, ich habe Lust, in einer Drei-Zimmer-Wohnung einen auf Hausfrau zu machen?«

Caroline sah sie tadelnd an. »Ich hasse es, wenn du in diesen Klischees sprichst. Als wäre Hausfrau ein Schimpfwort.«

»Das ist es ja gar nicht«, verteidigte sich Franziska. »Es ist bloß – ich kann mir einfach nicht vorstellen, daß ich mit

Cornelius zusammenlebe. Ich weiß selbst nicht, woran das liegt.«

»Du liebst ihn nicht«, erklärte Matilda. »Ganz einfach.«

»Ich weiß es nicht«, erwiderte Franziska kläglich. »Er trug eine Krawatte, die aussah wie die Couchgarnitur seiner Eltern. Außerdem – ich möchte noch ein bißchen mit euch zusammenleben, hier in dieser Bruchbude.«

Matilda kicherte. »Wir sind schon ganz schön bescheuert. Durch und durch beziehungskistengeschädigt. Ich meine, guckt uns doch mal an: Caroline wird von ihrem Typ betrogen, mein Kerl frißt uns den Kühlschrank leer und hängt nur vor der Glotze rum, und Franziskas Lover will sie in eine spießige Zweierbeziehung zwingen – und dabei könnte das Leben so schön sein!«

»Du meinst – ohne Männer?« fragte Caroline.

Matilda nickte. »Überlegt doch mal: Wann haben wir das letzte Mal so einen richtigen Frauenabend miteinander verbracht? Mit Rotwein und Lasagne?«

»Und mit Franziskas Mousse au chocolat!« seufzte Caroline. Sie hatte immer noch Hunger.

»Schon ewig nicht mehr«, sagte Franziska. »Wir waren nie alle zusammen hier, und wenn doch, dann war auch einer der drei Kerle dabei.«

»Das stimmt«, bekräftigte Caroline. »Vor allem Claudius.«

»Ja«, seufzte Matilda. »Der war *immer* da. Vor dem hat man nur seine Ruhe, wenn der Fernseher läuft.«

»Franziska? Machst du uns morgen noch mal Mousse au chocolat?« fragte Caroline hungrig.

Franziska machte ein entschlossenes Gesicht. »Morgen, da mache ich mit Cornelius Schluß«, kündigte sie an.

»Gut, dann schicke ich Claudius zum Teufel«, sagte Matilda. »Eigentlich wollte ich das sowieso tun. Heute habe ich so einen süßen Typ kennengelernt, einen mit Hakennase und sooooo langen Wimpern.«

»Und ich sage Johannes, daß er sich seine offene Zweierbeziehung an den Hut stecken kann«, ergänzte Caroline. »Aber vermutlich hat er das sowieso längst getan.«

6

Die Wohnung war tatsächlich eine Bruchbude gewesen, bevor die drei Mädchen sich im vergangenen Jahr an die Renovierungsarbeiten begeben hatten. Sie lag im dritten Stockwerk eines Altbaus, hatte Decken, von denen der Putz herabbröckelte, und hölzerne, zugige Sprossenfenster. Geheizt wurde noch mit Öfen, für die Briketts aus dem Keller geschleppt werden mußten, und die Bäder waren das letzte Mal in den fünfziger Jahren saniert worden. Neue Tapeten, Fußböden, viel Farbe, Arbeit und Phantasie waren erforderlich gewesen, um aus drei Zimmern, Küche, Diele und Bad das gemütliche Domizil zu machen, das es jetzt war. Jedes Mädchen hatte einen Raum ganz nach seinem Geschmack eingerichtet.

»Ich finde, man kann sofort sehen, welches Zimmer zu wem gehört«, sagte Franziska immer.

»Ja«, stimmte Matilda zu. »Mein Zimmer ist das schönste, genau wie ich.«

»Das ist Geschmackssache«, widersprach Franziska. »Aber zumindest hast du das größte Zimmer.«

Matilda war sehr groß, knapp einen Meter achtzig, und ihre schwarze Igelfrisur machte sie immer noch ein bißchen größer. Ihr Zimmer war genau wie sie, chaotisch, unordentlich und mit Möbeln und Gegenständen aus den unterschiedlichsten Epochen ausgestattet, einem riesigen Himmelbett mit verschnörkeltem Eisenrücken, einer

Kommode im Bauhausstil und über zwanzig Bildern, von denen keines zum anderen paßte. Ein Kleiderschrank oder etwas Vergleichbares fehlte völlig. Die leuchtend gelbe Farbe an der Wand entsprach Matildas warmherzigem Temperament und sollte dem Raum jenes italienische Flair verleihen, das sie an ihre Jugend in Florenz erinnerte. Matildas Mama war Italienerin, eine sehr begabte Orchestermusikerin. Sie hatte sich schon vor vielen Jahren von Matildas Vater getrennt und lebte den größten Teil des Jahres in Florenz. Matildas Vater und ihre große Schwester Anna mit ihrer Familie lebten in Deutschland, zu Matildas Ärger nicht weit von Köln entfernt.

Sie und Franziska waren Cousinen ersten Grades, denn ihre Väter waren Brüder, und Franziska hatte die gleichen geschwungenen Augenbrauen und Lippen, ähnlich lange Beine und dieselbe Haar- und Augenfarbe wie Matilda. Aber Franziskas Haare waren glatt und glänzend und fielen ihr bis auf die Schultern. Sie war auch kleiner als Matilda und hatte ein paar sehr unitalienische Sommersprossen auf der Nase.

»Du bist überhaupt sehr unitalienisch«, meinte Matilda. »So ohne jede Leidenschaft. Das sieht man schon an deinem Einrichtungsstil.«

Franziska lachte. Ihr Zimmer war meistens aufgeräumt und sauber und in kühlen Farben gehalten: türkis gewischte Wände zu Holz und Korb und weißen Stoffen.

»Das Zimmer einer Denkerin«, sagte Matilda. »Einer kühlen, praktischen, vernunftorientierten Person ohne Leidenschaft.«

»Aber mit Geschmack«, betonte Franziska.

»So ist das mit Geschmäckern«, sagte Caroline. »Sie sind alle verschieden.«

Sie selber hatte ein ziemlich verspieltes Zimmer.

»Ein unschuldiges Zimmer«, sagte Matilda. »Genau wie du.«

Der Raum war ganz in Rosa und Weiß gehalten, zart himbeerfarben getupfte Wände und ein magentafarbener Teppichboden, was nicht jedermanns Geschmack war. Aber bei Caroline paßte alles zusammen. Der große weißlackierte Schreibtisch vor dem Fenster, die Zimmerlinde in rosa-weiß gestreiftem Übertopf, das schneeweiße Moskitonetz über dem breiten Bett, weißlackierte Fußleisten und ein Haufen Bücher im weißen Regal an der Wand – das alles machte das Zimmer sehr gemütlich. Es war das kleinste Zimmer, aber dafür mit einem kleinen Balkon ausgestattet, auf dem Caroline rosa Zwergrosen, Geranien und Hortensien zog. Caroline war ebenfalls klein und sehr zart gebaut. Sie hatte wilde rote Locken und einen wunderschönen blassen Teint. Ihre Augen waren groß und grün, und sie konnte mit langen, gebogenen Wimpern aufwarten, dicht und schwarz und nicht blond und borstig, wie bei so vielen echten Rothaarigen.

»Eigentlich müßten die Männer bei dir Schlange stehen«, sagte Matilda, wenn sie einen großzügigen Tag hatte.

»Das tun sie doch«, erwiderte Franziska. »Aber Caroline sagt, es sind die falschen Männer.«

»Einundzwanzig Jahre und immer noch Jungfrau«, seufzte Matilda. »Also, da würde ich auch mal einen falschen Mann nehmen. Du mußt ihn ja nicht behalten.«

Und Caroline seufzte. »Ich war schon ein paarmal kurz davor«, sagte sie. »Aber immer wenn ich soweit bin, dann kommt etwas dazwischen.«

So war es ja auch diesmal gewesen. Johannes hätte

der erste sein können, wenn da nicht diese Geschichte mit Vanessa gewesen wäre. Eigentlich hatte Caroline vor, sich ihm zu Weihnachten zu schenken, ganz romantisch mit einer Schleife um den Bauch. Aber Johannes hatte ja nicht bis Weihnachten warten können. Caroline wußte nicht, ob sie froh darüber sein sollte, daß er sich, bevor etwas passiert war, als untreuer Geselle entpuppt hatte, und nicht erst danach. Dann wäre sie jetzt wenigstens um eine Erfahrung reicher gewesen.

»Du bist verabscheuungswürdig«, sagte sie, als Johannes am nächsten Tag anrief.

»Du bist ja immer noch sauer«, antwortete er. »Ich dachte, du hättest dich in der Zwischenzeit beruhigt.«

»Hab' ich auch«, erklärte Caroline völlig gelassen. »Ich habe mir in der Zwischenzeit überlegt, daß ich überhaupt keinen Grund hatte, so sauer zu sein.«

»Siehst du«, sagte Johannes. »Das habe ich doch gleich gesagt.«

»Ich hatte keinen Grund, sauer zu sein, weil ich dich sowieso loswerden wollte«, fuhr Caroline fort. »Da ist es gut, wenn du gleich Ersatz für mich hast.«

»Wie bitte?«

»Ich habe soeben unsere Beziehung beendet«, sagte Caroline. »Du kannst meine Sachen in ein Paket packen und mit der Post schicken. Ich mache mit deinen Sachen das gleiche.«

»Findest du nicht, daß das etwas übertrieben ist?« fragte Johannes. »Könnte es sein, daß dich deine sexuellen Komplexe zu solchen Kurzschlußhandlungen treiben?«

»Wie meinst du das?«

»Wie ich es sage. Dein Ego verträgt die Vorstellung nicht, daß ich mit einer anderen Frau Sex hatte. Weil du selber nicht in der Lage bist, diesbezüglich ein natürliches Verhalten an den Tag zu legen. Eigentlich gehörst du in eine Therapie, bei deinen Komplexen.«

Caroline schluckte wütend. Diesmal sollte er aber nicht das letzte Wort haben.

»Hör mal, nur weil ich keine Lust hatte, mit dir ins Bett zu gehen, heißt das noch lange nicht, daß ich nicht normal bin«, sagte sie. »Glücklicherweise gibt es ja auch noch Männer, die Leidenschaft und Lust zu erwecken verstehen.«

Amen, fügte sie in Gedanken hinzu.

»Ha«, brachte Johannes nur heraus, offenbar tief getroffen.

»Ja«, sagte Caroline eifrig. Jetzt hatte sie endlich seinen wunden Punkt berührt. »Es hätte keinen Zweck gehabt, es noch weiter mit dir zu versuchen. Der berühmte Funke, der ist einfach nicht übergesprungen. Ich meine, du bist ein netter Kumpel, aber Sexappeal hast du nicht gerade. Trotzdem wünsche ich dir ein schönes Leben.«

Und bevor ihm eine kränkende Erwiderung einfallen konnte, legte sie hastig auf.

»Den wären wir los«, sagte sie zu Sigmund, ihrem Schildkröterich, der gerade einen Spaziergang durch den Flur machte. »Allein ist es sowieso besser.«

Sigmund hob den Kopf und sah sie zweifelnd an.

»Meinst du nicht? Hättest du denn gerne eine Schildkröte um dich herum?«

Sigmund erwiderte nichts, aber er schaute so traurig drein, daß Caroline weinen mußte. »Armer Sigmund«, schluchzte sie.

Matildas Beziehung zu Claudius war genauso schnell zu Ende.

Sie traf ihn am Abend beim Griechen um die Ecke. Es kam ausnahmsweise kein wichtiges Fußballspiel im Fernsehen. Claudius erzählte ihr aber alles über das gestrige Spiel. Matilda hörte nur mit halbem Ohr hin.

»Tja«, sagte sie, als sie ihren riesigen Grillteller beinahe leergegessen hatte. »Das ist jetzt das letzte Mal, daß wir zusammen essen gehen.«

»Warum?« fragte Claudius und aß die Pommes direkt mit den Fingern. »Bist du wieder mal pleite?«

»Nein«, erwiderte Matilda. »Das ist nicht das letzte Mal, daß *ich* essen gehe, sondern das letzte Mal, daß ich es mit dir tue.«

Claudius sah sie verständnislos an.

»Und auch sonst werden wir nichts mehr miteinander unternehmen«, fügte Matilda hinzu. »Du kannst ab heute allein fernsehen.«

»Haben die hysterischen Weiber aus deiner Wohngemeinschaft dich gegen mich aufgehetzt?«

»Ja«, gab Matilda zu. »Das auch. Aber mir persönlich bist du schon länger zu langweilig und zu verfressen.«

Claudius steckte sich die letzten Fritten in den Mund.

»So, so«, nuschelte er mürrisch. »Nur weil ich kein Musikfreak bin und ständig mit dir auf irgendwelche Konzerte gehe. Aber du mußt es ja wissen.«

»Ja«, sagte Matilda und erhob sich. »Ich weiß es ganz genau, und deshalb gehe ich jetzt. Zur Abwechslung und zum Abschied kannst du mal die Zeche übernehmen. Leb wohl!«

Beim Verlassen des Lokals vergaß sie nicht, dem schönen griechischen Kellner ein bezauberndes Lächeln zu schenken. Claudius sah ihr kauend hinterher.

7

Cornelius ließ sich nicht so einfach abschütteln.

Überhaupt hatte Franziska sich einen denkbar ungünstigen Tag für das Ende ihrer Beziehung ausgesucht. In seiner Wohnung, die sie vorsichtshalber als Treffpunkt gewählt hatte, um einfach gehen zu können, wann sie wollte, wartete ein riesiger Blumenstrauß auf sie. Rote Rosen, mindestens vierzig Stück. Sie standen auf dem schwarzen Designertisch und verliehen dem sonst erschreckend farblos wirkenden Raum eine beinahe heitere Note.

»Für dich«, sagte Cornelius und lächelte sie an.

»Huch«, hauchte Franziska matt. Ausgerechnet heute hatte er einen seiner seltenen liebenswerten Tage. Er trug auch ein schönes Hemd – weicher, grauer Flanell –, das hatten sie gemeinsam ausgesucht. Aber davon konnte sie sich jetzt auch nicht abhalten lassen.

»Ich habe noch mal über deinen Vorschlag mit dem Zusammenziehen nachgedacht«, sagte sie forsch.

Cornelius unterbrach sie sofort. »Ja, das habe ich auch. Ich bin die Sache irgendwie falsch angegangen. Aber das liegt daran, daß ich nicht genügend darüber nachgedacht hatte, zu viel an mich und zu wenig an dich. Ich hätte es gleich richtig machen sollen. Keine halben Sachen.«

Franziska verspürte mit einem Mal einen stechenden Schmerz hinter den Augen. Sie blickte Cornelius mit flehenden Blicken an und wünschte, er würde aufgeben, was immer er vorhatte. Aber den Gefallen tat er ihr nicht.

Er griff nach ihrer Hand. »Franzi, ich möchte, daß du mit mir zusammenziehst, weil ich dich liebe. Und weil ich dich liebe, möchte ich mit dir alt werden. Und weil ich mit dir alt werden möchte, möchte ich dich heiraten. Und das wollte ich dich heute fragen: Möchtest du meine Frau werden?«

Franziska schluckte. So eine Scheiße. Gleich würde er womöglich noch vor ihr auf die Knie sinken!

»Nein«, flüsterte sie, und der Schmerz hinter ihren Augen wurde noch stechender.

Cornelius sah sie leicht schockiert an. »Nein was?«

»Ich will dich nicht heiraten«, erklärte Franziska, diesmal mit festerer Stimme.

Cornelius ließ ihre Hand los. Matt sank er auf seinen schwarzen Designersessel nieder. »Was willst du dann?«

»Weiß ich nicht genau«, sagte Franziska ehrlich. »Aber was ich nicht will, das weiß ich ganz genau. Und das bist du.«

Cornelius starrte auf den Rosenstrauß und schwieg. Er sah aus wie versteinert. Franziska atmete schwer. Eine schreckliche Situation, die man nicht unnötig in die Länge ziehen mußte. Eigentlich war ja auch alles gesagt.

»Ich gehe dann jetzt«, murmelte sie, aber da erwachte Cornelius wieder zu neuem Leben.

»Nein, das wirst du nicht tun«, rief er. »Du wirst mir erklären, was das jetzt wieder soll!«

»Ich mache Schluß«, sagte Franziska. »Da gibt es nichts zu erklären.«

»O doch«, entgegnete Cornelius zornig. »Diesmal doch. Es ist noch kein halbes Jahr her, da hast du schon mal Schluß gemacht, erinnerst du dich? Und dann waren wir wieder zusammen. Eine komplizierte Angelegenheit, hinter die ich nie ganz geblickt habe.«

Franziska erinnerte sich. Ja, das war halt schon immer etwas komplizierter gewesen mit ihr. Dafür konnte er sich aber auch nicht über Langeweile beklagen.

»Bevor du diesmal gehst, möchte ich wissen, ob es für immer ist, oder ob du es dir noch mal überlegst«, sagte Cornelius.

Franziska starrte auf den Boden. Wie war der denn drauf?

»Hörst du überhaupt zu?« Cornelius griff nach ihrem Arm und schüttelte sie. »Franziska! Ich werde dich ganz bestimmt nie daran hindern, unsere Beziehung zu beenden, wenn sie dir nicht mehr behagt. Aber du solltest dir sicher sein, daß es diesmal endgültig ist. Ich habe keine Lust mehr auf diese Spielchen. Dazu bedeutest du mir zuviel.«

»Aua«, stöhnte Franziska und versuchte, den Griff um ihren Arm zu lockern. »Du tust mir weh.«

»Du mir auch«, sagte Cornelius. »Und nicht zum ersten Mal. Was paßt dir an mir nicht? Daß ich es ernst meine? Daß ich bereit bin, Verantwortung für dich zu übernehmen? Daß ich zu meinen Gefühlen stehe?«

Überraschend ließ er ihren Arm los. Franziska rieb sich über ihren Bizeps.

»Daß du zu langweilig bist – vielleicht?« fragte sie.

»Sicher«, erwiderte Cornelius. »Langweilig. Klar, weil ich Geld verdiene und die Vorstellung, eine Familie zu haben, nicht spießig finde, sondern schön. Langweilig, weil ich normal aussehe und nicht szenemäßig gestylt. Weil ich nicht jeden Abend Lust habe, in einer In-Kneipe herumzuhängen – klar, das ist langweilig.«

»Das habe ich nicht gesagt.«

Cornelius sah sie an. Franziska bemühte sich, seinem intensiven Blick standzuhalten.

»Was ist jetzt?« fragte er.

Franziska zuckte mit den Schultern. »Es ist das beste so, scheint mir. Auch für dich.«

»Also – für immer Schluß?«

»Ja«, sagte Franziska. »Aber das heißt ja nicht, daß wir uns niemals wiedersehen, oder?«

Cornelius sah sie immer noch an. Sein Blick war schwer zu deuten. Franziska wußte nicht, ob er mehr wütend oder mehr traurig war. Wieder griff er nach ihrem Arm, aber diesmal machte er keinerlei Anstalten, sie zu schütteln. Sanft, aber bestimmt zog er sie zur Wohnungstür.

»Sicher werden wir uns wiedersehen«, antwortete er. »Irgendwann.«

Er öffnete die Tür und schob sie in den Flur hinaus. Erst als sie über seine Schwelle getreten war, ließ er sie los.

Franziska suchte nach passenden Abschiedsworten. Aber ihr fiel nichts ein, was nicht irgendwie gönnerhaft geklungen hätte. Verlegen streichelte sie über seine Schulter. »Also, dann«, stotterte sie.

Cornelius nahm ihre Hand von seiner Schulter. »Ja«, sagte er. »Mach's gut, Franziska!«

Und damit schloß er einfach die Tür.

8

»Es war schrecklich«, seufzte Franziska. »Ich kam mir so gemein vor.«

»Ja«, stimmte Caroline zu. »Das glaube ich dir. Du hattest eigentlich überhaupt keinen Grund, Schluß zu machen. Im Gegensatz zu Matilda und mir.«

»Ach was!« rief Matilda. »Es ist dein gutes Recht, einen Typ loszuwerden, der dich langweilt.«

Caroline schüttelte den Kopf. »Nein, das finde ich nicht. Erstens ist Cornelius überhaupt nicht langweilig, und zweitens hat er sich nicht verändert, seit er mit Franziska zusammen ist.«

»Aber Franziska hat eben ein bißchen gebraucht, bis sie ihn erst so richtig kennengelernt hat.«

»Ja und nein«, seufzte Franziska. »Ich fürchte, so war es nicht. In Wirklichkeit fand ich seine Art, seine Zuverlässigkeit und seine Beschützerrolle am Anfang ganz toll, und zwischendurch auch immer mal wieder. Aber gleichzeitig denke ich, das kann es doch nicht gewesen sein! Wenn er mir mehr Zeit gelassen hätte, vielleicht wäre dann alles anders gekommen. Oder wenn ich ihn erst in zwei, drei oder zehn Jahren kennengelernt hätte.«

»Dann kannst du ihn ja wieder kennenlernen«, schlug Caroline vor. »Das ist sowieso total romantisch. Stell dir das doch mal vor! In vier Jahren trefft ihr euch zufällig auf der Rheinpromenade. Du bist gerade von einem Antillenurlaub zurückgekehrt, trägst einen Hut mit aufgebogener Krempe und dazu ein Leinenkleid mit langen Schlitzen, durch die man deine braungebrannten Waden sieht.«

»Wirklich irre romantisch!« kicherte Matilda. »Hat die Geschichte auch noch eine Handlung?«

Franziska grinste auch. »Sicher taucht gleich ein Herr im Nadelstreifenanzug und mit einem Afghanen an der Leine auf, der sagt: Kennen wir uns nicht irgendwoher?«

»Nein«, sagte Caroline. »Ein ganz süßer Typ mit wuscheligen Locken und leuchtenden blauen Augen. Cornelius mit ein paar mehr Lachfältchen um die Augen und vielleicht einer Brille, wegen der Altersweitsichtigkeit. Eine hübsche runde Brille im Schildpattdesign. Er überholt dich joggenderweise, in einer kurzen Hose, und du denkst: Den Hintern kenne ich doch.«

»Nette Geschichte«, kicherte Matilda. »Und dann schreit Franziska dem Hintern hinterher: ›He, warte, laß uns einen Kaffee trinken gehen!‹«

»Ihr seid überhaupt nicht romantisch.«

»Nein«, gab Matilda zu. »Jetzt, wo wir die Typen los sind, können wir all die Sachen machen, die man nur ohne Mann machen kann.«

»Nackt durch die Wohnung laufen, weil man sicher ist, daß einem kein fremder Kerl auf den Busen guckt.«

»Oder völlig verschreckt rückwärts zur Tür stolpert.«

»Wir können endlich wieder Gurken- und Quarkmasken auflegen und bei offener Tür baden.«

»Aufs Klo gehen, ohne Angst zu haben, daß jemand eventuelle Geräusche hört.«

»Uns gegenseitig unsere neue Unterwäsche vorführen.«

»Endlich den Flur streichen, ohne uns anhören zu müssen, wir hätten einen Farbentick und keinen Geschmack!«

»Mousse au chocolat essen und dabei abfällige Bemerkungen über Männer machen, ohne daß jemand sagt: ›Weißt du eigentlich, wie viele Kalorien das hat?‹«

»Ganz offiziell *Pretty Woman* im Fernsehen anschauen, ohne daß jemand darüber lästert oder vor lauter Langeweile einschläft.«

»Harry und Sally!«

»Frühstück bei Tiffany.«

»Und: ›Während du schliefst!‹«

»Oder: ›Unsere kleine Farm!‹«

Alle drei seufzten gleichzeitig.

»Das geht eben nur ohne Männer«, sagte Caroline. »Ich bin dafür, daß wir diese Wohnung auf unbestimmte Zeit zu einer männerfreien Zone erklären.«

»Einverstanden«, sagten die beiden anderen.

»Ich habe jetzt auf der Stelle unbändige Lust auf eine Gurkenmaske«, rief Matilda. »Aber vermutlich hat Claudius alles weggefuttert, was frau sich ins Gesicht schmieren könnte, stimmt's?«

»Der hat überhaupt *alles* weggefuttert«, jammerte Caroline, immer noch hungrig. »Es würde mich nicht wundern, wenn er auch noch meine Cremes benutzt hätte.«

»Was kommt denn heute abend im Fernsehen?« Franziska suchte nach der Tageszeitung, die als Leseprobe in ihrem Briefkasten gelegen hatte. »Mal sehen, ob was für uns dabei ist. Ein Krimi, eine blöde Talk-Show, Heimatmelodien für Millionen, jede Menge Serienscheiße – aber hier: Aus der Reihe *Wahre Schicksale*, hört zu: Die junge Gail ist überglücklich. Sie heiratet den gutaussehenden Peter und zieht mit ihm in ein altes Landhaus. Doch dann geschehen seltsame Dinge. Peter beginnt sich zu verändern. Er ist nicht mehr der Mann, den sie geheiratet hat.«

»Ja, das kennen wir«, sagte Caroline. »Die bleiben nie lange so, wie man sie kennengelernt hat.«

Matilda war in ihr Zimmer gelaufen und suchte den richtigen Sender. »Au ja, das machen wir. Wir kuscheln uns in mein Bett, trinken Rotwein und schauen uns *Wahre Schicksale* an, bis wir völlig besoffen sind.«

»Und essen Schokolade«, schlug Franziska lüstern vor. »Oder noch besser Schokoladeneis.«

»Meine wohlgehütete Tafel Schokolade ist Matildas gefräßigem Freier zum Opfer gefallen«, sagte Caroline heiter. »Aber der Kiosk gegenüber hat dieses Eis im runden Tiegel, das so wundervoll viele Kalorien hat. Mit Waldfrucht, das ist noch leckerer als Schokolade mit Vanille und Rum.«

»Ich gehe und hole von beidem einen Jumbotopf«, erbot sich Franziska. »Ihr könnt schon mal mein Plumeau aus meinem Bett holen, die Weinflaschen öffnen und drei Löffel bereitlegen.«

»Bring auch noch ein paar Erdnüsse mit«, rief Matilda ihr hinterher. »Die großen mit extra viel Salz.«

»Mach' ich«, schrie Franziska fröhlich über ihre Schulter. Ihr schlechtes Gewissen wegen Cornelius hatte sie mit einem Schlag vergessen.

9

Ollie und Benedikt, die beiden Designerstudenten, die über den Mädchen in der Dachwohnung lebten, waren unbekehrbar schwul. Daher wurden sie in die männerfreie Zone vorgelassen, als sie zwei Tage später an der Wohnungstür klingelten.

Franziska öffnete in Unterwäsche.

»Wie bist du denn drauf?« fragte Ollie sittlich entrüstet. »Es hätte ja auch Herr Kleinschmidt sein können.«

Herr Kleinschmidt war der Vermieter und Hausmeister. Er wohnte mit einer Dogge namens Zerberus im Erdgeschoß und hätte vermutlich seinen Fernseher hergeschenkt, um einen Blick auf die Mädchen in Unterwäsche werfen zu können. Immer wieder lauerte er im Hausflur, wenn sie nach Hause kamen, und dann berührte er wie zufällig einen Arm oder noch lieber einen Hintern. Allerdings versuchte er das nur bei Franziska oder Caroline. Matilda war ihm zu groß und zu kräftig, vor ihr hatte er Angst.

»Ich habe euch am Klingeln erkannt«, behauptete Franziska. »Kommt rein, ihr könnt mit uns frühstücken.«

Benedikt stolperte über einen Farbeimer im Flur. »Was ist das?«

»Caroline und ich, wir wollen den Flur streichen. Er ist uns zu männlich.«

»Wer? Der Flur?«

»Ja«, erwiderte Franziska. »So weiß und langweilig und phantasielos.«

Benedikt starrte auf die Farbeimer am Boden. »Das sind ja mindestens vier verschiedene Farben.«

»Fünf«, teilte Franziska ihm bereitwillig mit. »Himmelblau, Türkis, Pink, Meergrün und Violett – alles karibische Farben.«

»Lieber Himmel«, sagte Ollie.

»Die Wände werden türkis und himmelblau gerollt«, informierte ihn Caroline aus der Küche, »die Decke grün, die Fußleisten pink und die Türrahmen abwechselnd violett, pink, grün und türkis. Das nennt man den karibischen Look.«

»Da habe ich noch nie was von gehört«, sagte Benedikt.

»Kannst du auch nicht«, erklärte Caroline mit einem Schmunzeln. »Franziska und ich, wir haben ihn gestern erst erfunden, nach einer Flasche Rotwein und der zweiten Folge von *Dornenvögel*. Uh, was haben wir geweint, nicht wahr, Franzi?«

Benedikt und Ollie tauschten einen besorgten Blick. »Wo ist Matilda, und was sagt sie zu den anstehenden Veränderungen?«

»Sie wollte, daß wir noch Gelb dazunehmen, aber Franziska und ich fanden, das sei zu bunt. Geschmacklos, sozusagen.«

»Matilda ist in ihrem Zimmer. Sie hat noch zwei Tage für ihre Hausarbeit, und da muß sie sich ganz schön ranhalten«, erklärte Franziska.

»Da ist man mal zwei Tage nicht da, und schon ist alles anders geworden«, beschwerte sich Ollie. »Was ist denn mit euch los?«

»Wir sind einfach wieder normal«, sagte Franziska. »Wir sind wieder Singles.«

»Alle drei?«

»Ja«, antwortete Caroline und strahlte übers ganze Gesicht. »Da staunt ihr, was?«

Zwei Tage später war der Flur völlig neu gestaltet. Franziska und Caroline waren von ihrem Werk begeistert. Sie hatten die beiden unscheinbaren Stühle, auf denen Telefon und Telefonbücher untergebracht waren, ebenfalls bunt lackiert, einen pink, den anderen türkis, und auch die hölzerne Garderobe hatte einen farbigen Anstrich bekommen. Zusammen mit dem schwarz-weißen Schachbrettmuster des Fußbodens hatte der Raum nun eine erstaunlich karibische Ausstrahlung.

»Macht richtig fröhlich, hier zu stehen«, jubilierte Caroline. »Ich fühle mich wie auf Jamaika, du nicht?«

»Doch«, behauptete Franziska. »He, Matilda, wir sind fertig!«

Matildas Zimmertür öffnete sich. »Ich bin auch fertig«, sagte Matilda und knallte einen Schnellhefter auf den Küchentisch. »Zwanzig Seiten über die Renaissancekomponisten in Italien, ich mußte nur ein ganz klein wenig bei der Anzahl der Zeilen pfuschen – voilá.«

»Sehr gut«, lobte Franziska. »Es geht doch, wenn du willst. Und wenn du nicht von den Kerlen abgelenkt wirst. Wie findest du es?«

Matilda sah sich um. »Ja, ganz toll. Das wird garantiert keinem Mann gefallen.«

»Ja«, freute sich Caroline. »Farbe vergrätzt den Männern das Leben, so wie die Männer unser Leben vergrätzen.«

»Was ist das denn für ein Wort?« wollte Franziska wissen. »Vergrätzen? Hast du das erfunden?«

»Glaube ich nicht«, meinte Caroline verwirrt und lief in ihr Zimmer, um im Duden danach zu suchen.

»Danke, daß du meinen Küchendienst übernommen hast«, wandte sich Matilda an Franziska, die nebenan begonnen hatte, den Tisch abzuräumen.

Franziska stellte ihre Müslischüssel in die Spüle. »Wir haben nur getauscht, Matilda. Aber heute bist du wieder dran, sechs Tage lang.«

Matilda stöhnte.

»Ist dir eigentlich bewußt, daß du jetzt schon sieben Tage lang vollkommen abstinent warst?« fragte Caroline, die mit dem Duden wieder aufgetaucht war. »Wie fühlt man sich, wenn man keine Männerherzen mehr brechen darf?«

Matilda lachte. »So ein kleines Männerherz breche ich doch mit links, mal eben im Vorbeigehen.«

»Aber du warst diese Woche höchstens zweimal vor der Tür«, bemerkte Caroline. »Richtig vergraben hast du dich in deiner Arbeit.«

»Heute muß ich auf jeden Fall zur Hochschule«, erklärte Matilda. »Der alte Tobias kriegt seine Hausarbeit und gibt mir eine private Gesangsstunde.«

»Wieso?« wunderte sich Franziska.

»Ich soll die Solopartie bei einem Konzert übernehmen«, teilte Matilda ihnen mit. »Im November. *Carmina Burana.* Ich springe für Christiane Wecker ein.«

»Das ist ja toll! Warum hast du uns nichts davon gesagt?«

Matilda zog eine Grimasse. »Na, weil's eben nicht toll ist. Das Konzert findet in einem Kuhdorf namens Herrenhausen statt, und jedes Rindvieh, das da wohnt, darf dabei mitmachen. Niemals würde ich freiwillig eine Note singen bei so was.«

»Warum tust du's dann?«

»Ich wurde gezwungen«, gestand Matilda. »Professor Tobias hat mich erpreßt. Außerdem war da ein ziemlich toller Mann mit einer Hakennase.«

»Ach so«, sagten Caroline und Franziska gleichzeitig.

»Er ist Musikkritiker, und er wird über das Konzert berichten. Ich würde ihn gern wiedersehen.«

»Ich denke, du hast die Nase voll von Männern!«

»Nicht von Männern, nur von Beziehungskisten.« Matilda dehnte sich ein wenig. Vom langen Sitzen war sie ganz steif geworden. »Und dieser Typ war wirklich was Besonderes. Wenn ich seinen Nachnamen wüßte, hätte ich ihn längst angerufen.«

Caroline rümpfte die Nase. »Also ich werde bei keinem Mann mehr anrufen. Ich genieße mein Singledasein. Ohne Männer.«

»Ich auch«, pflichtete Franziska ihr bei. »Jedenfalls vorerst.«

10

»Dulciiiiisimeeeeeeeeeee hehehehe«, sang Matilda in ihrem Zimmer.

»Ganz schön hoch«, sagte Franziska in der Küche.

»Zu hoch für meinen Geschmack«, befand Caroline. »Und der Text sagt mir auch nicht unbedingt zu.«

»Hehehe«, sagte Franziska. »Wir sind jetzt seit vier Wochen ohne Mann. Waschechte Singles. Ich habe anderthalb Kilo zugenommen – das muß an den Unmengen von Rotwein liegen, mit denen wir uns betäuben.«

»Also, mir geht es viel besser als vorher«, sagte Caroline. »Und dir scheint das Leben ohne Cornelius auch zu bekommen. Du lernst viel mehr als früher. Aber ich hätte nie gedacht, daß Matilda das so lange aushält.«

»Der Typ mit der Hakennase, dieser Musikkritiker, scheint sie wirklich anzuspornen. Sie singt wie besessen.«

»Und jeden Tag besser. Seit ich nicht mehr mit Johannes zusammen bin, funktioniert mein Gehirn auch wieder besser. Das Referat gestern, das war so gut, daß ich mich selber gewundert habe.«

»Fehlt dir Johannes nicht?«

»Nein«, lautete Carolines knappe Antwort. »Überhaupt nicht. Er war kurz davor, meine Persönlichkeit zu untergraben. Noch ein paar Wochen mit ihm, und ich wäre selbst davon überzeugt gewesen, spießig und kleinlich und intolerant zu sein. Nein, den Typ vermisse ich nicht.«

Franziska starrte nachdenklich in ihren Kakao. »Also, mir fehlt Cornelius schon irgendwie, wenn ich ehrlich bin. Ich meine, ich will ihn nicht wiederhaben, um Himmels willen, aber wenigstens mal sehen könnten wir uns doch. Wenn er nur nicht so beleidigt wäre.«

»Vielleicht ist er's ja in der Zwischenzeit nicht mehr«, meinte Caroline.

»Doch, der schon. Der ist stur bis an sein Grab.«

»Man weiß es nicht«, sagte Caroline. »Ruf ihn doch einfach mal an.«

»Aber nein«, widersprach Franziska. »Dann macht er sich nur falsche Hoffnungen.« Sie trank ihre Tasse leer. »Oder, was meinst du?«

Caroline lächelte. »Komm, versuch's doch mal. Es wäre schade, wenn ihr euch nie wiedersehen würdet.«

Matilda hatte aufgehört zu singen. Gutgelaunt kam sie in die Küche. »Habt ihr das gehört?« rief sie. »Ich werde immer besser. Eine Schande, daß ich in Herrenhausen auftreten muß, und nicht an der Met oder so.«

»Das klang wirklich gut«, sagte Franziska. »Nur etwas zu laut für diese Wohnung.«

»Ja«, gab Matilda unumwunden zu. »Das stimmt. An der Lautstärke arbeite ich noch.«

»Franziska wollte gerade bei Cornelius anrufen«, erklärte ihr Caroline.

»Ooh«, sagte Matilda. »Schon schwach geworden, Süße?«

Franziska gab keine Antwort. Sie griff nach dem Hörer. »Komisch, seine Telefonnummer habe ich noch nicht vergessen.«

»Andere Nummern gab's da ja auch nicht sonderlich viele«, meinte Matilda frech.

In Cornelius' Wohnung ertönte das Freizeichen.

»Was soll ich denn sagen?« fragte Franziska gerade, als sich Cornelius' Anrufbeantworter einschaltete. Sie hörte sich das Band an und legte auf, ohne etwas darauf zu sprechen.

Verstört schaute sie die beiden anderen an.

»Was hast du?« fragte Caroline überrascht.

»Also, das ist komisch«, erwiderte Franziska tonlos. »Sehr komisch.«

Matilda nahm ihr das Telefon aus der Hand und drückte auf die Wahlwiederholungstaste. Wieder ertönte das Freizeichen.

»Hallo, Sie haben den Anschluß Köln 7604220 gewählt«, kam Cornelius' Stimme vom Band. »Leider sind wir im Moment nicht zu Hause, freuen uns aber über jede Nachricht nach dem Piepton.«

Matilda legte auf. »Nicht besonders originell«, sagte sie.

Caroline platzte beinahe vor Neugierde. »Was ist denn auf dem Band so Besonderes?«

Matilda zuckte mit den Schultern. »Nichts!«

Ihre Cousine schlug sich an die Stirn. »Nichts?« rief sie. »Das nennst du nichts?«

Matilda sah sie überrascht an. »Ja.«

Jetzt hielt es Caroline nicht mehr aus. Sie riß das Telefon an sich und drückte ebenfalls die Wahlwiederholungstaste. Gespannt hörte sie sich das Band an. »*Wir*«, schrie sie. »Er hat *wir* gesagt.«

»Ja«, sagte Franziska düster. »Und wie fröhlich er klingt.«

Matilda nahm das Telefon wieder auf ihren Schoß.

»*Wir?* Er hat wirklich *wir* gesagt? Das habe ich gar nicht gemerkt.«

Sie wählte ein viertes Mal Cornelius' Nummer.

»Tatsächlich«, keuchte sie. »Wir sind im Moment nicht zu Hause. Aber wer ist *wir?*«

»Oh, Himmel! Keine vier Wochen, und schon wohnt eine andere bei ihm«, rief Caroline. »Das hätte ich niemals von ihm gedacht.«

»Ich auch nicht«, sagte Franziska. »So ein Schwein.«

Caroline streichelte über ihr Haar. »Es tut mir ja so leid.«

»Wieso?« fragte Matilda. »Franziska kann sich freuen, daß er nicht von der Mülheimer Brücke gesprungen ist.«

Aber Franziska sah ganz und gar nicht so aus, als würde sie sich freuen.

»Keine vier Wochen – und er hat eine andere!« rief sie. »Und die wohnt schon bei ihm! Ich kann das gar nicht glauben!«

Caroline hörte sich zum x-ten Mal den Anrufbeantworter an. »*Wir! Wir!* Tatsächlich. Und er klingt ganz fröhlich.«

»Und wenn schon«, versuchte Matilda einzulenken. »Es sei ihm gegönnt. Schließlich wolltest du ihn ohnehin nicht zurück, oder Franziska?«

Franziska sah sie wütend an. »Nein, natürlich nicht«, fauchte sie. »Aber deshalb muß er ja nicht gleich eine Neue haben! Und so fröhlich klingen.«

»Vier Wochen sind eine lange Zeit«, sagte Matilda.

»Vier Wochen sind nichts«, widersprach Caroline schnell.

»Vier Wochen ohne Mann sind eine lange Zeit«, beharrte Matilda. »Ich meine, vielleicht sollten wir unser Zölibat langsam mal aufgeben.«

»Ich würde zu gern wissen, wie sie aussieht«, meinte Franziska gedankenverloren.

»Wenn man sich das mal genau überlegt«, sinnierte Matilda und runzelte plötzlich besorgt die Stirn. »Da ist man mal vier Wochen nicht auf der Piste, und plötzlich ist alles anders. Stell dir mal vor, alle Männer würden das so machen wie Cornelius. Irgendwann tauchst du aus der Versenkung auf, und die ganzen Kerle haben eine andere. Wie grauenvoll! Ich – wo ist mein Adreßbuch?«

»Was hast du vor?«

»Ich werde mich heute abend mit einem Mann treffen«, erklärte Matilda. »Ich weiß nur noch nicht, mit welchem.«

»Das finde ich jetzt irgendwie blöd«, sagte Caroline. »Nur weil du Angst hast, bei Bedarf keinen Mann vorzufinden, wirfst du all deine Vorsätze über den Haufen.«

»Welche Vorsätze denn?« fragte Matilda. »Ich habe bloß gesagt, daß ich diese Beziehungsscheiße nicht mehr will, und dazu stehe ich immer noch. Aber deshalb möchte ich mein Leben nicht unter Jungfrauen verbringen.«

»Du bist gemein«, sagte Caroline. »Außerdem bist du inkonsequent. Ich dachte, du interessierst dich nur noch für diese Hakennase, den Musikkritiker. Wenigstens könntest du warten, bis du ihn wiedersiehst. Franziska, sag doch auch mal was.«

Franziska weilte mit ihren Gedanken immer noch bei Cornelius' Neuer. »Sicher ist es eine Blondine«, zischte sie. »Eigentlich fand er Blondinen schon immer toll.«

Caroline rüttelt sie am Arm. »He, wach auf! Matilda will unseren Eid brechen.«

»Vielleicht ist sie eine von den Miezen aus seinem Büro, die himmeln ihn doch alle an, weil er da der einzige Mann unter Fünfzig ist.«

Matilda setzte sich mit ihrem Adreßbuch auf den Boden vor den pinkfarbenen Stuhl, auf dem das Telefon stand.

»Ich will ja keinen Mann fürs Leben, Caro«, verteidigte sie sich. »Aber bevor ich mich an den Typ mit der Nase ranmache, muß ich sicher sein, daß ich jeden anderen auch haben könnte, verstehst du das denn nicht?«

»Nö«, flachste Caroline. »Du kannst nicht jedem gefallen.«

»Das wollen wir doch mal sehen«, sagte Matilda. »Hier, Heiko, die Nummer habe ich erst zwei Monate. Der wollte mit mir gleich in Urlaub fahren.«

Sie wählte. Franziska und Caroline lauschten gespannt. Am anderen Ende der Leitung hob jemand ab.

»Hi, Heiko«, sprach Matilda lässig. »Hier ist Matilda, weißt du noch? Wir haben uns in der U-Bahn kennengelernt. Ich trug einen grünen Minirock.«

Caroline preßte sich die Hand vor den Mund, um nicht laut loszukichern. Heiko schien sich an die Begegnung zu erinnern.

»Ja, und halterlose Strümpfe mit aufgestickten Erdbeeren, genau«, sagte Matilda freudig. Die Strümpfe hatte Ollie entworfen und ihr zur Verfügung gestellt. Den Dingern hatte sie schon mehr als eine Verabredung zu verdanken. »Tja, ich dachte, wir könnten uns vielleicht mal treffen, wenn du Lust hättest?«

Die Antwort blieb für Franziska und Caroline leider unverständlich.

»Ach so«, erwiderte Matilda und machte ein verblüfftes Gesicht. »Na ja, da kann man nichts machen. Bis dann, also.«

Sie legte auf. »Er sagt, er fährt heute nacht noch in Urlaub. Mit einem Mädchen namens Corinna.«

»Tja, du hättest eben gleich zusagen sollen«, meinte Franziska.

Matilda wählte schon die nächste Nummer.

»Hallo, Pierre, hier ist Matilda aus deinem Harmonielehreseminar. – Ja, genau. Ich habe gerade in meinen Unterlagen geblättert und mußte an dich denken. Hättest du vielleicht Lust, heute was mit mir zu unternehmen? – Nein? Es muß ja nicht heute sein. Morgen ist okay oder nächste Woche. – Geht nicht, sagst du? – Oh, frisch verliebt bist du, na wunderbar. Herzlichen Glückwunsch.«

Als sie aufgelegt hatte, schaute sie entrüstet in die Runde.

»Dä«, sagte Franziska schadenfroh. »Scheint eine Krankheit zu sein, die unter den Kerlen grassiert.«

Matilda war fassungslos. »Dieser Pierre, der ist seit Jahren in mich verknallt. Jeden verdammten Tag im letzten Semester hat er mir Briefchen zugesteckt. Die mußte ich wegwerfen, weil sie zuviel Platz weggenommen hätten. Und jetzt, ausgerechnet jetzt, verliebt er sich plötzlich in eine andere? Das fass' ich einfach nicht.«

Jetzt blätterte sie fieberhaft in ihrem Büchlein.

»Jens, nee, der ist für ein Jahr nach Irland gegangen; Frederic hat geheiratet, soviel ich weiß; und Ulf – weiß der Geier, wer das ist, aber mit einem Ulf möchte ich mich heute abend wirklich nicht treffen. Wen haben wir noch? Claudius Fressus, nein danke, aber hier: René, den fand ich schon immer gut.«

Sie wählte wieder. Aber René war nicht zu Hause, wie sein Anrufbeantworter ihr mitteilte. In dringenden Fällen sei er bei Clarissa erreichbar unter der Nummer . . .

»Nein, danke«, sagte Matilda und legte auf. Sie starrte

einen Augenblick auf den Boden und schmiß dann ihr Adreßbüchlein an die frischgestrichene Flurwand.

»Hey«, mahnte Caroline leise. »Bloß weil ein paar Typen keinen Bock haben, mit dir auszugehen, mußt du nicht gleich ausflippen.«

Matilda starrte sie an. Caroline fand, daß sie beinahe irre aussah.

»Kein Grund, auszuflippen, was?« rief sie mit ganz hohler Stimme. »Sag mir doch bitte, was es dann für einen Grund zum Ausflippen gibt! Du bist das vielleicht gewöhnt, daß niemand Interesse an dir hat, aber mir ist das noch nie passiert, noch nie, hörst du?«

»Ich bin ja nicht taub!« erwiderte Caroline.

»Wirst du aber, wenn Matilda weiter so schreit«, meinte Franziska und schüttelte ihre Cousine unsanft. »Wenn du bisher nie erlebt hast, daß jemand kein Interesse an dir hat, dann wird es jetzt höchste Zeit dafür.«

Matilda sah sie wütend an. »Wozu soll das gut sein, daß ich auf einmal ein Mauerblümchen bin? Für meine psychische Entwicklung vielleicht?« Sie ließ sich auf die Telefonbücher fallen. »Ungerecht«, murmelte sie.

»Was soll *ich* denn sagen?« fragte Franziska. »Cornelius hat eine Neue, das ist wohl viel schlimmer als das vorübergehende Desinteresse von dreien deiner Dauerverehrer.«

»Papperlapapp«, entgegnete Matilda bockig.

Aber Caroline streichelte mitleidig über Franziskas Arm. »Sicher liebst du ihn noch, nicht wahr?«

»Nein«, sagte Franziska schnell. »Aber deshalb finde ich es trotzdem *unmöglich*, daß er einfach eine Neue hat. Und das nach vier Wochen! Es ist beleidigend und kränkend und erniedrigend und schrecklich selbstsüchtig und unsensibel.«

Caroline nickte. »Ja, das ist es. Ich würde zu gern seine Neue sehen, du nicht?«

Franziska hob beide Hände. »Nein«, wehrte sie ab. »So weit würde ich mich niemals erniedrigen. Die blöde Kuh interessiert mich nicht die Bohne.«

Matilda grinste Caroline an. »Ich schätze, wir sitzen alle im gleichen Boot mit unserem Problem. Keiner will uns haben.«

»Ich will auch keinen haben«, sagte Caroline. »Also habe ich auch kein Problem.«

»Ich auch nicht«, log Franziska mit brüchiger Stimme.

»Ihr braucht es ja nicht zuzugeben«, sagte Matilda. »Aber ich will das nicht auf mir sitzen lassen. Ich werde losziehen und mir einen Typ angeln! Irgendeinen.«

»Warum angelst du dir nicht gleich den Typ mit der Hakennase? Den willst du doch sowieso«, sagte Caroline.

Matilda sah sie verblüfft an. »Da hast du eigentlich recht. Ich werde mir den Musikkritier angeln, ganz einfach.«

»Du kennst ja noch nicht mal seinen Nachnamen«, höhnte Franziska.

Matilda warf ihr einen überlegenen Blick zu. »Na und? Die Sache muß man mit System angehen, mit Phantasie und Köpfchen. Immerhin weiß ich, daß er Marius heißt und für den Kölner Stadtanzeiger schreibt. Den Rest werde ich schnell herausfinden.«

Sie war auf einmal Feuer und Flamme für diese Idee. Tatendurstig rieb sie sich die Hände. »Ihr werdet sehen! In ein paar Wochen spätestens liegt mir der Typ zu Füßen. Paß gut auf, Caroline, du kannst noch was von mir lernen.«

»Eingebildete Ziege«, sagte Franziska, aber sie lächelte dabei. Dann aber mußte sie an Cornelius' Neue denken, und das Lächeln verging so schnell, wie es gekommen war.

11

Franziskas einundzwanzigster Geburtstag fiel auf den Sonntag kommender Woche. Matilda wollte wissen, wie sie diesen besonderen Tag zu feiern gedenke.

»Ich gedenke gar nichts«, antwortete Franziska mürrisch. »Ich möchte an diesem Tag einfach in Ruhe gelassen werden. Und jetzt auch. Ich lese, wie du siehst.«

»Du wirst einundzwanzig, nicht einundvierzig«, gab Matilda zu bedenken, die der festen Überzeugung war, alle Menschen über Vierzig müßten kreuzunglücklich sein. »Wir könnten eine rauschende Party geben, das haben wir schon Ewigkeiten nicht mehr getan.«

»Nein«, sagte Franziska. »Kannst du ja zu deinem Geburtstag machen, wenn du dazu Lust hast. Und jetzt will ich weiterlesen, wenn's genehm ist.«

Matilda verließ beleidigt das Zimmer. Seufzend ließ sich Franziska zurück in den Schaukelstuhl sinken. Das Buch auf ihren Knien diente nur der Tarnung. In Wirklichkeit hatte sie noch keine Zeile darin gelesen. Die ganze Zeit starrte sie Löcher in die Luft und dachte an Cornelius. Wie war es möglich, daß er sich so schnell mit ihrem Verlust abgefunden und sich in eine andere verliebt hatte? Vielleicht hatte er sie doch nicht so sehr geliebt, wie sie immer geglaubt hatte. Überhaupt – vielleicht hatte sie sich ganz und gar in ihm getäuscht.

Unglücklich wippte sie vor und zurück. Wieder öffnete

sich ihre Zimmertür. Caroline wollte wissen, was sie sich wünschte.

»Eine einsame Insel«, sagte Franziska mürrisch.

Caroline störte sich nicht an ihrem Tonfall. »Eine liebliche karibische Insel oder eher eine rauhe Nordseeinsel?«

»Egal«, antwortete Franziska beiläufig und wandte sich wieder ihrem Buch zu. »Hauptsache, man hat seine Ruhe.«

Caroline ging in die Stadt und kaufte eine Taschenbuchausgabe von »Ronbinson Crusoe« für Franziska. Anschließend sah sie im Schaufenster eines Spielzeugladens einen rot-weiß gestreiften Miniaturleuchtturm aus Holz. Er stand auf einer winzigen grünbemalten Insel und sah wunderschön aus. Da er handgeschnitzt und -bemalt war, kostete er einiges, aber Caroline war ganz begeistert von der Vorstellung, Franziska die gewünschte einsame Insel schenken zu können. Sie ging in den Laden und ließ sich das kleine Kunstwerk in niedliches Teddypapier einpakken.

Anschließend beschloß sie, sich selbst ebenfalls etwas Neues zu gönnen, einen warmen Pullover für den Winter zum Beispiel. Bald begann schließlich die Heizperiode wieder, und sie würden verstärkt merken, wie zugig und schlecht isoliert ihre Ruine im Grunde doch war. Außerdem hatte Carolines Vater diesen Monat besonders viel Geld überwiesen, beinahe mehr, als sie ausgeben konnte. Es würde ihn freuen, sie warm angezogen zu wissen.

Fröhlich fuhr sie im nächsten Kaufhaus die Rolltreppe hinauf und fand beinahe sofort einen naturfarbenen Zopfpullover mit witzigen Noppen, der ihr hervorragend stand. Dazu passend gab es grau-beige gestreifte Flanellshorts, die mit dicken naturfarbenen Wollstrümpfen getragen wurden, mit dem gleichen Zopfmuster wie der Pullover.

Der Vollständigkeit halber entschloß sich Caroline, die Shorts und die Strumpfhosen gleich mitzukaufen. Nichts geht über ein komplettes Outfit, dachte sie zufrieden. Zusammen mit ihren halbhohen dunkelgrauen Schnürstiefeln würden die neuen Sachen total süß aussehen. Manchmal war es eben doch gut, so dünne, formlose Beine zu besitzen. Jede andere hätte in so dicken Strümpfen klobige Elefantenbeine aufzuweisen, sogar Franziska mit ihren durchtrainierten Waden.

Gutgelaunt wartete Caroline an der Kasse, bis sie an der Reihe war. Da klopfte ihr jemand von hinten auf die Schulter.

»Hi, Caro!«

Caroline drehte sich um und sah in das Gesicht eines ihr völlig unbekannten Mädchens. Sie hatte hellblondes, glattes Haar, zu jenem fülligen Pagenkopf geschnitten, gegen den Caroline manchmal gern ihre wilden Locken eingetauscht hätte, und große braune Augen, die einen reizvollen Kontrast zu den hellen Haaren bildeten.

»Äh«, entfuhr es Caroline.

»Hallo«, sagte der Mann neben dem Mädchen. Es war Cornelius.

»Cornelius!« rief Caroline überrascht aus und wäre ihm am liebsten um den Hals gefallen. Aber die süße Blondine mit dem Pagenkopf stand ihr im Weg. Caroline starrte entsetzt auf die ineinander verschlungenen Hände der beiden.

»Äh«, sagte sie wieder, und da ließ Cornelius die Hand des Mädchens los, als wäre es ihm peinlich.

»Geht es dir gut?« fragte er.

»Klar«, erwiderte Caroline, aber sie konnte nicht aufhören, das Mädchen anzustarren. Die wiederum wand sich unbehaglich unter ihrem Blick und stupste Cornelius in die Seite.

Cornelius legte seinen Arm um ihre Schultern. »Das ist Caroline«, sagte er. »Eine liebe, alte Freundin. Und das hier ist Jenny.«

»Seine neue Freundin«, ergänzte Jenny und sah Caroline herausfordernd an. Caroline nahm die Herausforderung an. Das mußte sie schon Franziska zuliebe tun.

Sie lächelte süß. »Ja, das ist wirklich eine Überraschung«, sagte sie. »Ich dachte immer, Cornelius würde Franziska bis ans Ende seines Lebens lieben. Aber so ist das natürlich viel besser. Obwohl ich mir an deiner Stelle wie ein Trostpflaster, eine Übergangslösung oder ein Lückenbüßer vorkäme, wenn ich schon nach vier Wochen für die große Liebe in die Bresche springen müßte.«

Jenny lächelte ebenso süß zurück. »Es gibt immer eine noch größere Liebe als die große Liebe, hast du das nicht gewußt?«

Du blöde Kuh, dachte Caroline. »Na, Hauptsache, man glaubt dran«, sagte sie laut und wandte sich an Cornelius: »Franziska hat am Sonntag Geburtstag.«

»Ich weiß«, erklärte Cornelius heiter. »Wenn ich daran denke, rufe ich an.«

»Wenn sie da ist, wird sie sich sicher freuen«, konterte Caroline. Sie war an der Reihe und bezahlte ihre Einkäufe. Anschließend drehte sie sich wieder zu den beiden um. »War nett, euch zu sehen. Bis irgendwann mal.«

»Ja, fand ich auch. Bestell Franziska liebe Grüße von mir«, sagte Cornelius. Jenny sagte kein Wort.

12

Zu Hause angekommen, wollte Caroline ihren neuerworbenen Look gleich anprobieren und vorführen. Außerdem mußte sie die Neuigkeit von ihrer Begegnung mit Cornelius loswerden. Aber Matilda, der sie zuerst über den Weg lief, war gerade im Aufbruch begriffen und hatte überhaupt keine Lust, Carolines Klamotten zu bewundern, geschweige denn sich ihre Geschichte anzuhören.

Sie packte Caroline am Oberarm und rief: »Ich weiß, wie er heißt!«

»Wer?« fragte Caroline.

»Der Musikkritiker«, erwiderte Matilda. »Stell dir vor, wie klug ich war: Ich habe mir einfach eine Ausgabe vom Kölner Stadtanzeiger gekauft und im Kulturteil nach einem Redakteur mit dem Vornamen Marius gesucht. Und da bin ich auch gleich fündig geworden. Er hat zwei Artikel geschrieben. Von unserem Redakteur Marius Dorfmann, stand darüber.«

»Marius Doofmann«, höhnte Caroline. »Ja und – was hast du jetzt davon?«

Matilda zog sich ihre Lederjacke über. »Jetzt kann ich im Telefonbuch nachschauen, wo er wohnt, du Schäfchen«, sagte sie. »Einen schönen Nachmittag noch mit dem mürrischen Putzteufel. Ich bin gegen sechs wieder hier, und dann können wir uns ja gemeinsam ihrem Geburtstag entgegen langweilen.«

Der mürrische Putzteufel war Franziska. Caroline mußte feststellen, daß sie nicht den Eindruck machte, als hätte sie Lust, ihr neues Outfit zu bewundern.

»Die schönen Zeiten mit Rotwein und Kitschfilmen sind wohl vorbei«, seufzte sie mißvergnügt und lehnte sich in die Badezimmertür. Franziska war dabei, den Spiegel zu putzen. Becken und Boden blitzten bereits makellos sauber. Franziska hatte sich die ganze Wohnung vorgenommen. Sogar die Fenster waren geputzt, in allen Räumen. Dabei war nicht sie an der Reihe, sondern Matilda, und die Fenster sollten gar erst wieder um die Weihnachtszeit herum gereinigt werden.

Caroline beobachtete sie skeptisch. »Matilda spielt Privatdetektivin, wenn sie nicht gerade singt, und du bist nur noch schlecht gelaunt und hast diesen absoluten Putzfimmel.«

»Ich bin nicht schlecht gelaunt«, knurrte Franziska schlecht gelaunt.

Caroline kicherte. »Ja, ja, und Cornelius' Neue interessiert dich nicht die Bohne, stimmt's?«

»Genau«, sagte Franziska und rieb heftig über die Scheibe.

Caroline strich sich eine rote Locke aus der Stirn. »Tja, dann wird dich auch nicht interessieren, daß ich ihn heute gesehen habe.«

Franziska ließ den Lappen sinken. »Wen?«

Caroline spannte sie ein bißchen auf die Folter. »Cornelius natürlich. Er lief mir mitten im Kaufhof über den Weg. Zwischen Unterwäsche und Damenoberbekleidung. Und er war nicht allein. Aber das interessiert dich ja nicht die Bohne, oder?«

»Nein«, knurrte Franziska.

»Wir haben mindestens zehn Minuten miteinander geplaudert«, erzählte Caroline heiter. »Und schöne Grüße soll ich dir bestellen.«

»Wie nett!« Franziska setzte sich auf den Wannenrand und krümmte sich beinahe vor Neugierde. Caroline spielte provozierend lässig mit einer Haarlocke und schwieg.

»Wie sah sie aus?« platzte Franziska schließlich heraus.

Caroline setzte sich neben sie auf den Wannenrand. »Ehrlich gesagt, ziemlich hübsch«, gab sie zu. »Hellblondes Haar, halblang und glänzend, und wunderschöne braune Augen. So nußbraun wie von einem Eichhörnchen.«

»Hach«, sagte Franziska.

Caroline wollte nicht noch mehr Salz in ihre Wunde streuen, aber sie fand, daß Franziska voll informiert sein sollte. »Er machte einen sehr glücklichen Eindruck. Er hat ihre Hand gehalten und war überhaupt sehr zärtlich. Und diese Jenny ist ganz schön selbstbewußt. Die läßt sich sicher nicht als Lückenbüßer mißbrauchen.«

Franziska ließ den Kopf hängen. »Hast du gefragt, ob sie bei ihm wohnt?«

»Nee«, erwiderte Caroline. »Das konnte ich doch schlecht.«

»Bestimmt«, sagte Franziska. »Bestimmt wohnt sie bei ihm, hat bunte Kissen auf den schwarzen Designermöbeln dekoriert, und Cornelius hat sich nicht beschwert. Und jetzt schläft sie in der knallroten Bettwäsche, die ich ihm zu Weihnachten geschenkt habe.«

Caroline nickte. »Ja, das ist gut möglich. Die sieht sicher gut aus auf roter Bettwäsche.«

Franziska stieß ihr den Ellenbogen in die Rippen. »Ja, ja, mach mich ruhig fertig. Ich bin es ja selber schuld.«

»Du möchtest Cornelius wiederhaben, stimmt's?«

»Ich weiß nicht«, entgegnete Franziska. »Darüber muß ich erst mal in Ruhe nachdenken.«

Caroline kicherte. »Bestimmt willst du das. Und dann bist du wieder mit ihm zusammen, und Matilda angelt sich ihren Musikkritiker, und ihr beide seid glücklich bis an euer Lebensende, nur ich bleibe allein.«

Franziska grinste immerhin. »Ist alles kompliziert, was? Wenn man einen Typ hat, geht er einem auf die Nerven, und wenn man ihn los ist, dann fehlt was! Ich schätze, wir haben noch nicht die richtige Mischung zwischen Distanz und Nähe gefunden.«

»Ehrlich gesagt, wäre mir das alles nicht wichtig«, gestand Caroline. »Aber neulich habe ich gelesen, daß Frauen, die mit Mitte Zwanzig immer noch Jungfrau sind, für immer frigide bleiben.«

»Wo hast du das gelesen?« wollte Franziska wissen.

»Weiß ich nicht mehr«, wich Caroline aus.

»Sicher in einem dieser getarnten Männermagazine in irgendeinem Arztwartezimmer«, mutmaßte Franziska. »Denn das ist der allergrößte Quatsch, den ich jemals gehört habe. Außerdem bist du noch keine Mitte Zwanzig.«

»Das tröstet mich jetzt unendlich«, sagte Caroline. »Meinst du, bis dahin lerne ich endlich mal einen kennen, mit dem ich mir auch vorstellen kann, du weißt schon was zu tun?«

»Ja, das glaube ich«, antwortete Franziska. »Und vielleicht hast du bis dahin auch gelernt, die Sache beim Namen zu nennen.«

»Du meinst – Geschlechtsverkehr«, sagte Caroline und wurde rot.

Franziska kicherte. »Ja, aber das kannst du nicht in jeder Situation dazu sagen.«

»Alle anderen Worte sind so – schmutzig«, wand sich Caroline.

»Sag sie trotzdem mal.«

»Niemals«, sagte Caroline. »Eher noch würde ich es tun, als es auszusprechen.«

Franziska lachte laut heraus. »Du bist wirklich komisch«, sagte sie. »Ich bin schon wieder richtig gut gelaunt.« Sie sah auf die Uhr. »Halb vier. Noch etwas mehr als acht Stunden bis zu meinem Geburtstag. Was sollen wir jetzt tun?«

»Wolltest du nicht weiter putzen?« fragte Caroline. »Ansonsten könnten wir uns mal wieder so richtig aufbrezeln und ins Luxor gehen oder sonstwohin, wo was los ist. Ab und zu braucht man so was.«

»Ja«, sagte Franziska. »Und Matilda wird sich freuen.«

13

Im Luxor spielte eine Liveband, die niemand kannte. Caroline bezweifelte, daß das jemals anders werden würde.

»Einfach nur laut«, schrie sie Matilda ins Ohr.

Matilda betrachtete die lederbejackten Bandmitglieder. »Und häßlich«, fügte sie hinzu. »Hoffentlich hören die bald auf und spielen wieder Musik vom Band. Ich würde gerne tanzen, aber zu dieser Musik kann man sich bloß die Ohren zuhalten. Wo ist Franziska jetzt wieder hin?«

Sie sah sich suchend um.

»Auf dem Klo«, schrie Caroline. »Da ist es wenigstens ruhig.«

Genau deswegen ließ Franziska sich absichtlich viel Zeit dort, obwohl fünf Mädchen vor der Tür warteten. Allein in der gekachelten Zelle, war ihr plötzlich ganz feierlich zumute. In wenigen Stunden war ihr Geburtstag. Einundzwanzig Jahre alt wurde sie. Das war schrecklich alt und jung zugleich. Noch vor gar nicht allzu langer Zeit hatte sie Kindergeburtstage gefeiert, mit Torte und Schokoküssen, mit Schnitzeljagd und Topfschlagen und »Kaiser, Kaiser, wieviel Schritte darf ich gehen?« Ab dem dreizehnten Geburtstag wurde dann im Partykeller gefeiert, mit gedämpfter Beleuchtung und Schmusemusik, und die Eltern hatten fest versprochen, den Keller bis neun Uhr abends nicht zu betreten. Und dann hatten sie lauter verbotene Spiele gespielt, bei denen die Jungs die Mädchen küssen mußten und umgekehrt, Flaschendrehen und so was.

Und natürlich war ihr Vater trotz seines Versprechens lange vor neun Uhr in den Keller gekommen, um »nach dem Rechten zu sehen«, wie er das nannte, gerade als Martin Suhrkamp Franziska hatte küssen dürfen. Sie hatte sich wahnsinnig über den Vater aufgeregt, aber in Wirklichkeit war sie heilfroh, daß er in diesem Augenblick gekommen war. Martin hatte so gräßliche Eiterpickel im Gesicht gehabt, sogar auf der Oberlippe. Sie hatte ihn nur eingeladen, weil er ihr immer die Mathehausaufgaben machte.

Franziska seufzte. Mit sechzehn hatte sie vorübergehend die Nase voll gehabt von Jungs. Ihren Geburtstag hatte sie mit ihren fünf besten Freundinnen gefeiert. Sie hatten Torte gegessen, und anschließend waren sie im Kino gewesen, in *Harry und Sally*, und damals hatte Franziska beschlossen, auf den Richtigen zu warten. Auf den Mann, der zugleich Geliebter und bester Freund sein würde. Cornelius war eigentlich ein sehr guter Freund und auch kein schlechter Geliebter, überlegte Franziska, aber trotzdem war er nicht der Richtige gewesen.

Oder doch? Sally hatte schließlich auch erst nach ein paar Jahren begriffen, daß Harry der Richtige für sie war, und als das passierte, war sie wesentlich älter als einundzwanzig.

Jemand klopfte gegen die Toilettentür. »He, du da drinnen! Kannst du nicht was schneller pinkeln? Wir machen uns hier draußen in die Hose!«

Franziska betätigte widerwillig die Spülung.

»Es ging nicht schneller«, sagte sie zu den wartenden Mädchen draußen. Sie machten verkniffene Gesichter und sagten kein Wort.

Franziska zog vor dem Spiegel ihre Lippen nach und betrachtete sich ernsthaft. Ihr gefiel, was sie sah. Wirklich, es gab beinahe nichts, was sie ändern würde, wenn sie es könnte. Zufrieden verließ sie die Toilette und schob sich wieder ins Gedrängel. Die Band spielte immer noch, die Hälfte der Leute hier mußte in der Zwischenzeit taub geworden sein. Mühsam versuchte sie, über die Köpfe hinweg nach Matilda und Caroline Ausschau zu halten.

Beide Köpfe, Carolines Flammenhaar und Matildas Igelfrisur, müßten in der Menge einfach auszumachen sein, dachte Franziska, aber da sah sie etwas ganz anderes. Auf der Tanzfläche bewegte sich ein brauner Lockenkopf, der ihr äußerst bekannt vorkam. Cornelius! Und er tanzte auch noch! Dazu konnte man ihn sonst nur nach zwei Flaschen Rotwein überreden. Franziska schlich näher. Nach Rotwein sah er heute allerdings nicht aus, eher wach und nüchtern, aber vergnügt. Er trug Jeans, Hemd, Weste und Workerboots, nichts davon kam Franziska bekannt vor. Seine Locken waren ungewohnt ungestylt, kein Tropfen Gel klebte darin. Er sah aus wie der Cornelius von früher – aber auch wieder nicht. Wenn sie es nicht besser gewußt hätte, hätte Franziska glauben können, daß sie seinen Zwillingsbruder vor sich hatte. Sie schob sich noch näher an ihn heran. Dabei mußte sie wohl oder übel über die Tanzfläche, also wippte sie zu dem Krach der Liveband, um nicht aufzufallen, wippte sich immer näher an Cornelius heran. Erst als sie unmittelbar vor ihm stand, bemerkte er sie. Franziska lächelte schnell.

»Hi«, sagte sie, was er zwar nicht hören, aber von ihren Lippen ablesen konnte.

»Hi«, schrie er zurück. »Das ist ja ein Zufall!«

»Ja«, sagte Franziska. In der Tat. In diesem Augenblick

hörte die Band zu spielen auf. Wohltuende Stille breitete sich aus, die Musik, die gleich darauf vom Band kam, wirkte fast wie Hintergrundsmusik. Cornelius wippte trotzdem sofort rhythmisch mit dem Fuß.

»Seit wann tanzt du eigentlich so gern?« fragte Franziska.

»Seit ich Jenny kenne«, erklärte Cornelius bereitwillig. »Wo ist sie? Du kannst sie gleich kennenlernen.«

Er zog eine zierliche Blondine aus dem Menschengewimmel hinter sich. Franziska sah sofort, daß sie zu Cornelius gehörte. Sie trug Hemd und Weste mit dem gleichen Muster, dazu ebenfalls Jeans und Workerboots. Sie strich sich eine glänzende Strähne aus der verschwitzten Stirn und lachte Franziska mit schönen weißen Zähnen an.

»Ich bin Franziska, seine Ex-Freundin«, sagte Franziska schadenfroh, aber das Lächeln der anderen verging keineswegs.

»Schön, dich mal kennenzulernen«, entgegnete sie heiter. Cornelius legte seinen Arm um ihre Schulter und sie lehnte ihren Kopf unter sein Kinn, ganz vertraulich. Franziska ärgerte sich.

»Partnerlook«, sagte sie. »Wie niedlich.«

Cornelius sah an sich herab und grinste. »Wir gehen gern gemeinsam einkaufen«, meinte er achselzuckend. »Und wir haben denselben Geschmack.«

»Aha«, sagte Franziska. »So schnell kann das gehen, vom Businesslook zum Workerlook, echt niedlich. Aber du warst immer schon mehr der Holzfällertyp.« Unmittelbar nachdem sie die Worte ausgesprochen hatte, ärgerte sie sich erst recht. Wie das klingen mußte, neidisch, eifersüchtig, verkniffen! Das mußte ja nun wirklich nicht sein. Zum Ausgleich versuchte sie ein entspanntes Lächeln.

Jenny lächelte zurück. »Ich fand seine Hemden und Krawatten scheußlich«, meinte sie.

»Ich auch«, entgegnete Franziska herzlich. Aber deshalb hat Cornelius sich nichts Neues gekauft, fügte sie in Gedanken hinzu. Er hat auch seine Haare nicht anders gestylt, obwohl ich ihm gesagt habe, daß ich seine Locken lieber ohne Gel mag. Aber für die da tut er das alles. Warum?

»Ungerecht«, sagte sie laut.

»Wie bitte?« fragte Cornelius.

»Du«, begann Franziska, aber da wurde sie feste in die Rippen gestoßen. Rechts und links von ihr hatten sich Matilda und Caroline postiert. Beide bedachten sie mit warnenden Blicken. Franziska verstummte. Sie würde Cornelius ein anderes Mal sagen, was sie von ihm hielt.

»Hi, Cornelius«, sagte Matilda freundlich, und ihre Augen glitten achtlos über das Mädchen an seiner Seite hinweg. »Wir haben dich überall gesucht, Franziska!«

»Ich war . . .« auf dem Klo konnte sie unmöglich sagen. Franziska überlegte kurz. ». . . telefonieren«, ergänzte sie dann. Telefonieren, das klang irgendwie wichtig und geheimnisvoll zugleich.

»Mit wem denn?« fragte Caroline prompt, noch bevor Matilda sie in die Seite kneifen konnte. »Au!«

Cornelius grinste. »Das sind Matilda und Caroline, Franziskas Freundinnen«, sagte er zu Jenny.

»Ich bin auch eine Ex-Freundin von Cornelius, das war, bevor er mit Franziska zusammen war«, erklärte Matilda, und Jenny lächelte sie an und sagte: »Ich weiß.«

Franziska fand sie ekelhaft selbstbewußt.

»Ich glaube, ich war es sogar, die ihn entjungfert hat«, setzte Matilda hinzu.

»Das weiß ich auch«, erwiderte Jenny lächelnd und schmiegte sich enger an Cornelius.

»Ihr scheint ja eine Menge Zeit für intime Gespräche zu haben«, sagte Matilda. »Das ist so schön, wenn keiner mehr ein Geheimnis vor dem anderen hat. Corni, hast du auch die Geschichte mit dem geplatzten Kondom erzählt, und wie du versucht hast . . .«

»Gute Idee, das ist wirklich eine interessante Geschichte«, unterbrach sie Cornelius, und Jenny lächelte immer noch. »Vielleicht erzähle ich sie heute abend. Schön, euch mal wieder gesehen zu haben.« Arm in Arm verschwanden die beiden im Gewimmel.

»Sogar meinen Geburtstag hat er vergessen«, klagte Franziska. »Ich will nach Hause.«

»Noch zwei Stunden bis Mitternacht«, sagte Caroline. »Und bis zu deinem Geburtstag.«

»Mir egal«, knurrte Franziska. »Ich will in mein Bett.«

Matilda zuckte die Achseln. »Dann gehen wir halt«, meinte sie. »Hier verpassen wir heute abend sowieso nichts mehr.«

So kam es, daß sie um Mitternacht, zu Beginn von Franziskas Geburtstag, alle drei in Matildas Bett saßen, nach anderthalb Flaschen Rotwein leicht beschwipst, und Franziska aufheitern mußten. Notfalls auch mit einer Lüge.

»Fandet ihr diese Jenny hübsch?« fragte Franziska.

»Nö«, logen Caroline und Matilda einhellig. »Herzlichen Glückwunsch zum Geburtstag.«

»Danke«, sagte Franziska düster.

»Herrgott noch mal, Franzi, freu dich doch, daß es ihm gutgeht«, sagte Matilda.

Aber Franziska freute sich kein bißchen darüber.

14

Marius Dorfmann stand im Telefonbuch. Marius Dorfmann, Journalist, Palanterstraße 15.

»Sogar der Straßenname klingt besonders«, sagte Matilda schwärmerisch.

»Das ist in Köln-Sülz«, wußte Caroline. »Ich glaube, keine besondere Straße. Peggy wohnt in der Gustavstraße, das ist ganz in der Nähe. Wenn du Glück hast, wohnt er in einem mehr oder weniger schönen Altbau.«

»Es ist mir egal, wie er wohnt«, meinte Matilda. »Ich will es nur wissen, damit ich ihn wiedersehen kann. Wo geht denn deine Freundin Peggy einkaufen?«

»Woher soll ich das wissen? Du kannst sie aber gern anrufen und fragen!«

Matilda nickte eifrig. »Gute Idee. Weißt du, es ist immer besser, jemandem in seiner gewohnten Umgebung zu begegnen. Ich könnte ihm direkt an der Käsetheke in die Arme laufen, oder vor exotischen Früchten. Er wird sich an mich erinnern und mich zu einer Tasse Kaffee einladen. Sag mir Peggys Telefonnummer, und du kannst miterleben, wie man sich einen Typ angelt, ganz profimäßig.«

Caroline schüttelte zweifelnd den Kopf.

»Du könntest was lernen«, meinte Matilda. »Was bei mir funktioniert, funktioniert auch bei dir.«

»Aber ich kenne keinen Doofmann, den ich unbedingt

mit dem Einkaufswagen rammen möchte«, sagte Caroline.

»Dorfmann«, verbesserte Matilda. »Er heißt Dorfmann.«

»Aber er *ist* ein Doofmann«, kicherte Caroline. »Obwohl ich ihn zugegebenermaßen nicht kenne. Hier hast du Peggys Nummer. Sie wird dir jeden Supermarkt in der Nähe nennen. Ich schätze, du wirst einiges zu tun haben die nächsten Tage. Wenn du aber schon in Supermärkten herumlungerst, vergiß nicht, uns Milch zu kaufen, Kaffee, Bananen, Joghurts, Tomatenmark, gekochten Schinken . . .«

»Ja, ja«, knurrte Matilda ungeduldig. »Und du, kümmere dich um unseren Sauertopf. Sie sollte sich auch etwas ablenken und sich einen neuen Typ angeln.«

»Sie will aber keinen anderen«, meinte Caroline bestimmt. »Sie will Cornelius wiederhaben, nur gesteht sie sich das nicht ein.«

»Kompliziert«, seufzte Matilda. »Erst will sie ihn loswerden, was ich durchaus verstehe, und dann möchte sie ihn zurückhaben.«

»Das ist Liebe«, sagte Caroline. »Das war schon immer etwas komplizierter.«

»Soll sie ihn sich halt zurückholen.« Matilda griff nach dem Telefonhörer und wählte Peggys Nummer. »Kann doch nicht so schwer sein. Cornelius hat ein einfach gestricktes Gemüt.«

»Und Franziska hat den unschätzbaren Vorteil, daß sie weiß, wo er einkauft«, kicherte Caroline. »Sie muß ihn nur mit dem Einkaufswagen rammen, und alles ist wieder in Butter.«

»Und was tut sie? Sitzt herum und bläst Trübsal. Oh,

hallo, Peggy, hier ist Matilda, Carolines Freundin. Ich hätte da ein paar Fragen zu deiner Wohngegend.« Sie hielt kurz die Sprechmuschel zu.

»Wenn sich dadurch ihre Laune bessern würde, soll Franziska sich den verklemmten Scheißer zurückholen«, zischte sie Caroline an. »An mir soll's nicht liegen, sag ihr das! – Peggy? Bist du noch da? Ja, ich würde gerne wissen, wo du einkaufst.«

Caroline tippte sich an die Stirn und ging nach nebenan in Franziskas Zimmer. Franziska machte Sit-ups auf dem Fußboden.

»Wozu machst du das?« fragte Caroline. »Du bist topfit.«

»Ich weiß«, sagte Franziska. »Das mache ich, um meine Aggressionen abzubauen.«

»Wegen Cornelius?«

»Keineswegs«, widersprach Franziska. »Ich habe keinen Grund, sauer auf ihn zu sein.«

»Das stimmt allerdings. Es gibt keinen Grund, sauer auf den Ex-Freund zu sein, nur weil er sich mit einer wunderschönen Blondine zusammengetan hat.«

»Du hast gesagt, du fändest sie nicht so hübsch«, fuhr Franziska auf. »Du hast gesagt, sie wäre fad!«

»Ja«, sagte Caroline. »Fad, aber hübsch. Cornelius könnte sich an sie gewöhnen.«

Franziska ließ sich hintenüber fallen. »Ich hasse sie«, murmelte sie. »Und ihn hasse ich auch.«

»Matilda sagt, sie hätte nichts dagegen, wenn du versuchst, ihn wiederzubekommen.«

»Als ob ich das wollte«, rief Franziska. »Kein Interesse, nein, danke!«

15

Mehrmals am Tag wählte Franziska Cornelius' Telefonnummer. Meistens schaltete sich der Anrufbeantworter ein. Manchmal ging auch Cornelius an den Apparat, sagte seinen Namen mit diesem vertrauten Schlenker am Ende.

»Cornelius Zimmermann?«

Dann wartete Franziska einen Augenblick, bevor sie auflegte, und seufzte schwer. Ganz selten, nur am Abend, ging auch diese Jenny ans Telefon. Sie sagte mit heller, fröhlicher Stimme »Hallo«, nannte jedoch nicht ihren Namen, was Franziska etwas beruhigte. Vermutlich wohnte sie noch nicht richtig bei Cornelius, sondern hatte irgendwo eine eigene Wohnung mit einem eigenen Telefon; dort konnte sie sich mit ihrem Namen melden: Jenny Sowieso. Jenny war ein schöner Name, fand Franziska. Ein Name für ein süßes, leichtsinniges Geschöpf mit weichen blonden Engelshaaren. Franziska klang dagegen richtig plump, ein Name für ein klobiges dunkelhaariges Mädchen.

Franziska fühlte sich so klobig und dunkelhaarig wie noch nie. Sie war allein zu Hause, Caroline lernte mit ihrer Freundin Peggy für eine Klausur, und Matilda war unterwegs in geheimer Mission.

Sie kochte sich einen heißen Kakao, trank einen Schluck und wählte noch einmal Cornelius' Nummer.

»Hallo?«

»Hallo? Ist da nicht Zimmermann?« fragte Franziska.

»O doch, natürlich«, erwiderte Jenny und lachte. »Aber Corni ist im Moment nicht zu Hause.«

»Ich bin – Katrin«, erklärte Franziska. »Ich glaube, wir kennen uns noch nicht.«

»Ich heiße Jenny. Corni und ich, wir sind erst seit fünf Wochen zusammen.«

»Ich war drei Monate in – Irland«, sagte Franziska. »Als ich gefahren bin, war er noch mit Franziska zusammen. Ich mochte sie nicht besonders, aber ich hatte immer den Eindruck, daß Cornelius sie wirklich liebt.«

»O ja«, erwiderte Jenny lachend. »Aber das ist vorbei. Franziska hat einen Knall, sagt Corni. Ich habe sie selber kennengelernt, sie scheint tatsächlich ein bißchen daneben zu sein. Corni sagt, sie weiß nicht, was sie will.«

»Und mit dir ist er jetzt richtig glücklich, ja?«

»Ich denke schon«, sagte Jenny. »Er spricht jedenfalls kaum von Franziska, außer wenn ich ihn danach frage. Man ist ja irgendwie neugierig bei so was, du nicht auch?«

Und wie! dachte Franziska. »Wo habt ihr euch denn so schnell kennengelernt?«

»Kennen tun wir uns schon ewig«, erklärte Jenny lachend. »Wir arbeiten ja in der gleichen Firma. Genaugenommen ist Corni sogar mein Chef.«

»Und was bist du? Seine Sekretärin?« fragte Franziska verächtlich. Klar, er hatte sich die Sekretärin geangelt, da konnte er sicher sein, daß sie ihm nicht weglief, bevor sie einen neuen Job gefunden hatte.

»Sachbearbeiterin«, verbesserte Jenny. »Aber das werde ich nicht bleiben. Ich habe ein Abendstudium angefangen, Wirtschaftspädagogik, damit werde ich mal Personalchefin, sagt Corni.« Sie lachte wieder. »Oh, da kommt er gerade zurück, du kannst ihn alles selber fragen. Er war Pizza holen beim Italiener. Gleich kommt *Eine verhängnisvolle Affäre* im Fernsehen, wir wollen es uns gemütlich machen. Cornelius, da ist Katrin für dich, sie ist zurück aus Irland. War nett, mit dir zu plaudern. Vielleicht lernen wir uns bald mal kennen.«

»Wohl kaum«, sagte Franziska und legte hastig den Hörer auf. Sie ärgerte sich über sich selbst. Cornelius kannte überhaupt keine Katrin, er konnte aber zwei und zwei zusammenzählen und sich ausrechnen, daß sie, Franziska, soeben am Telefon gewesen war und albernes Zeug geredet hatte. Zu blöd!

Immerhin wußte sie jetzt ein bißchen mehr. »Wir kennen uns schon ewig« – ja, ja. Wer weiß, wie lange die beiden schon über die Schreibtische hinweg miteinander geturtelt und von einer verhängnisvollen Affäre geträumt hatten, während sie, Franziska, geglaubt hatte, Cornelius würde nicht mal einen Gedanken an ein anderes weibliches Wesen verschwenden. Wahrscheinlich war er am Ende sogar froh, daß sie Schluß gemacht hatte und er sich endlich des niedlichen blonden Elfenkindes annehmen konnte, das er schon immer bewundert hatte.

Vielleicht, dachte Franziska, war sogar die Sache mit dem Heiratsantrag ein wohlüberlegter Schachzug, den Cornelius geplant hatte, damit sie die Beziehung beendete. Aber diesen Gedanken verwarf sie wieder. Nein, Cornelius war im Grunde eine ehrliche Haut, eine ehrliche Haut mit einer Menge moralischer Grundsätze.

Er hatte sie geliebt, ganz ehrlich und moralisch, allerdings nur, solange sie zusammen waren. Danach hatte er sich, ebenfalls ehrlich und moralisch, eine neue Freundin gesucht, und die liebte er jetzt mit derselben Ausschließlichkeit, mit der er sie geliebt hatte. So einfach war das.

»Weinst du?« fragte Carolines Stimme über ihr.

»Quatsch!« Franziska fuhr zusammen. »Wo kommst du so plötzlich her?«

»Es ist halb elf. Warum sitzt du hier im Dunkeln im Flur und schniefst vor dich hin?« Caroline knipste das Licht an. Die karibischen Farben ringsherum leuchteten auf.

»Ich schniefe nicht.«

»Du heulst«, erwiderte Caroline sachlich. »Da sind Tränen auf deiner Wange, du hast rote Augen, und deine Nase läuft.«

»Und wenn schon! Das ist eine Winterdepression.«

Caroline ließ sich neben sie auf dem Boden nieder. »Nun, sag schon! Es ist wegen Cornelius, stimmt's?«

»Warum fragst du, wenn du doch schon alles weißt?«

»Du hättest ihn wohl gerne wieder, was?«

»Nein«, rief Franziska entrüstet. »Schließlich habe ich mit ihm Schluß gemacht.«

»Ja, allerdings.«

»Na siehst du! Wieso sollte ich ihn jetzt wiederhaben wollen?« Sie weinte noch ein kleines bißchen.

»Weil er eine andere hat«, tippte Caroline. »Und weil es dir so geht wie mit meiner Ballerina-Barbie damals.«

»Wie mit wem?«

»Weißt du nicht mehr?« Caroline seufzte. »Meine Ballerina-Barbie, sie hatte ein schneeweißes Tütü an, das man abknöpfen konnte. Du wolltest sie unbedingt haben.«

»Ja«, sagte Franziska. »Kann sein. Aber was hat das mit Cornelius zu tun?«

»Hör doch erst mal zu. Ich hatte diese Ballerina-Barbie, und du hattest eine gewöhnliche Feld-Wald-und-Wiesen-

Barbie, und damit haben wir immer gespielt, stundenlang. Wir haben ihnen Häuser aus Schuhkartons gebaut und ganze Schlösser, draußen im Garten unter eurem Apfelbaum.«

»Matilda war auch dabei«, erinnerte sich Franziska. »Sie wollte nie eine Barbie spielen, sie hat den Part des Barbiepferdes übernommen, weißt du noch? Sie konnte täuschend echt wiehern und schnauben.«

»Klar«, sagte Caroline. »Das war eine sehr schöne Zeit. Aber irgendwann fanden wir Barbies blöd. Sind sie ja auch, diese dürren Gummibeinmonster mit gelben Haaren. Wir haben sie in Kartons verpackt und vergessen. Aber dann, nach ein oder zwei Jahren, hast du bei uns auf dem Speicher die Ballerina-Barbie in einem Karton gefunden und ganz leuchtende Augen bekommen. Du hast mich gefragt, ob ich noch mit Barbies spiele, und ich habe die Augen verdreht und gesagt: ›Natürlich nicht, Barbies sind blöde.‹ Und da hast du gefragt, ob du dann meine Ballerina-Barbie bekommen dürftest. Ich habe sie dir gegeben.«

»Und was geschah dann?«

»Du hast drei Tage nur mit meiner Ballerina-Barbie gespielt, du hast sie überallhin mitgenommen, es war schrecklich. Aber was noch schrecklicher war, ich wollte sie plötzlich unbedingt wiederhaben. Als ich sah, wieviel Spaß du damit hattest, da konnte ich gar nicht verstehen, wie ich sie so lange in einem Karton hatte vergessen können, und erst recht nicht, was mich dazu bewegen konnte, sie zu verschenken.«

»Ich erinnere mich jetzt«, sagte Franziska. »Du hast sie mir weggenommen und gesagt, deine Mutter habe dir verboten, Spielzeug zu verschenken. Ich habe dich vors Schienbein getreten.«

Caroline nickte. »Genau. Da ist jetzt noch ein Huckel im Knochen.«

»Blödsinn! Was hat das alles mit Cornelius zu tun?«

»Cornelius ist die Ballerina-Barbie«, erklärte Caroline weise.

»Du spinnst ja. Ich habe ihn nicht in einen Karton gepackt.«

»Aber du fandest ihn blöd und wolltest nicht mehr mit ihm spielen«, kicherte Caroline. »Und jetzt, wo ihn diese Jenny hat, willst du ihn zurückhaben.«

Franziska heulte wieder. »Ja, und wenn schon«, schluchzte sie. »Ist das so schlimm?«

»Nö!« Caroline schüttelte den Kopf. »Du kannst ja zu Jenny gehen und sagen, deine Mutter möchte nicht, daß du Jungs einfach so weitergibst. Allerdings kann es sein, daß sie dich dann vors Schienbein tritt.«

»Haha!« Franziska grinste unter Tränen. »Wenn Cornelius eine Barbie wäre, hätte ich ihn wirklich nur in einen Karton gepackt und abgewartet, bis er wieder in Mode kommt. Aber er ist die sturste Barbiepuppe, die jemals gelebt hat. Er wird mir nie verzeihen.«

»Franziska, Franziska«, sagte Caroline. »Du bist in letzter Zeit wirklich sehr wankelmütig. Vor nicht allzu langer Zeit hast du gesagt, daß du ihn definitiv nicht mehr liebst.«

»Ich habe eben gelogen«, schniefte Franziska. »Ich habe ihn immer geliebt. Er hat nur zu sehr geklammert! Wenn dich mal jemand fragt, ob du mit ihm in eine Wohnung ziehst, wirst du dich ebenfalls fragen, ob du ihn noch liebst, das ist ganz natürlich.«

Caroline schüttelte lachend den Kopf. »Du bist total verdreht, Franziska. Aber versuch ruhig, Cornelius zurückzuholen. Ich habe die Ballerina-Barbie ja auch zurückbekommen. Zwei herrliche Tage lang habe ich mit ihr gespielt. Dann habe ich sie vergessen, und eine Woche später hat mein Bruder sie mit seinem Kettcar überfahren. Sie war total deformiert.«

»Was willst du damit sagen?« fragte Franziska. Sie putzte sich energisch die Nase. »Wenn Cornelius zu mir zurückkommt, werde ich für immer und ewig lieb zu ihm sein.«

»Wenn«, stimmte Caroline zu. »Aber das wird gar nicht so einfach sein, wenn du mich fragst.«

Franziska fing wieder an zu heulen.

»Unmöglich ist es aber auch nicht«, beeilte sich Caroline hinzuzufügen. »Du mußt es nur versuchen.«

Franziska nickte zerknirscht. »Ich weiß. Aber ich traue mich nicht. Was ist, wenn er mich am Ende gar nicht wiederhaben will? Dann hätte ich mich bis auf die Knochen blamiert.«

Caroline zuckte mit den Schultern. »Dann kannst du immer noch von der Brücke springen.«

16

Matilda verfluchte das feuchte Wetter. Es war kein Vergnügen, hier herumzustehen, auch dann nicht, wenn man auf den Mann seiner Träume wartete. Aus Zeitgründen hatte Matilda sich dafür entschieden, nicht auf den Zufall zu hoffen, bei dem sie diesem Marius Wundervoll mit dem Einkaufswagen vor die Füße rollen würde, dazu gab es zu viele Einkaufsmöglichkeiten in dieser Gegend. Eine zufällige Begegnung könnte Wochen oder Monate auf sich warten lassen, und Matilda war viel zu ungeduldig, um sich über solch einen Zeitraum zu motivieren.

Es war immerhin möglich, daß sie sich bei der ersten Begegnung vor Professor Tobias' Sprechzimmer getäuscht hatte und der Musikkritiker überhaupt kein Traummann war! In diesem Fall würde sie erst nach Monaten feststellen können, daß sie kostbare Zeit verschwendet hatte – nicht auszudenken. So hatte sie aufgrund einer ganz einfachen mathematischen Überlegung beschlossen, den Fall zu umgehen.

Der Journalist hatte eine Million mögliche Wege und Ziele zur Auswahl, aber er hatte nur eine Haustür, von der aus er seinen Weg antrat, und genau dort oder vielmehr auf der gegenüberliegenden Straßenseite lauerte Matilda im orangeroten Anorak und wartete darauf, einen Blick auf seine Hakennase zu erhaschen. Seit halb neun Uhr stand sie jetzt hier und fror, aber bei Marius hatte sich nicht mal eine Jalousie gerührt – falls die Wohnung im dritten Stock, die Matilda ihm zugeordnet hatte, die richtige war.

Immerhin war es die einzige Wohnung ohne Spitzengardinen und Messingübertöpfe auf der Fensterbank, und so was traute sie ihm wirklich nicht zu, es sei denn, er wohnte mit einer alten Tante zusammen.

Unruhig sah sie auf die Uhr. Journalisten sind Langschläfer, das war bekannt, aber irgendwann sollte er doch mal aus dem Haus kommen, um etwas einzukaufen oder zum Frisör zu gehen oder zum Waschsalon oder auch nur zu den Mülltonnen im Hof.

Ein Regentropfen fiel auf Matildas Kapuze, und gleich danach noch einer. Sie stöhnte. Jetzt fing es auch noch an zu regnen, toll. Verärgert zog sie sich in den Hauseingang hinter sich zurück und lehnte sich an die Wand gegenüber dem Klingelbrett.

Nach zehn Minuten konnte Matilda die in Messing gravierten Namen der Mieter auswendig. Müller, Czernie, Kurt, Nickel, Eschenberg und Falkenhain. Matilda machte eine kleine Melodie daraus: »Müller, Czerni, Kuhurt, Nickel, Eschenberg und Falkenha-hain«, summte sie vor sich hin, »Müller, Czernie, Ku-hurt, Nickel, Eschenberg und Falkenha-hain«. Der Briefträger kam, warf Matilda einen irritierten Blick zu und seine Post durch den Schlitz in die Tür.

»Müller, Czerni, Kurt« – Matilda hielt inne. Mit was für überflüssigem Blödsinn man seine Gehirnzellen füttern konnte! Klingelschilder wildfremder Häuser auswendig zu lernen, während sie eigentlich in einer wichtigen Vorlesung über die Renaissance sitzen sollte – war sie denn von allen guten Geistern verlassen? Wütend sah sie zu den geschlossenen Jalousien hinüber. Nichts hatte sich dort gerührt. Aber so schnell wollte sie nicht aufgeben.

Noch eine Stunde, dachte sie, eine Stunde gebe ich ihm noch. Sie ließ sich auf den Stufen unter dem Klingelschild nieder. Wenn er bis dahin nicht kommt, muß ich mir etwas anderes überlegen. So was Langweiliges aber auch. Daß sie nicht daran gedacht hatte, ein Buch mitzunehmen! Nicht mal richtig singen konnte sie hier, ohne aufzufallen.

»Müller, Czerni, Kurt, Nickel, Eschenberg, Falkenhain« – das war ja ein richtiger Ohrwurm. Womöglich hatte sie gerade einen sensationellen Hit komponiert, den Müller-Czerni-Kurt-Song. Aber bevor sie diesen Gedanken weiterverfolgen konnte, bewegte sich die Jalousie gegenüber. Die Lamellen stellten sich waagerecht und wurden mit einem Ruck bis zur Hälfte des Fensters hochgezogen. Matilda sah ganz deutlich eine Gestalt hinter der Scheibe und frohlockte.

Na also, jetzt kam Leben in die Sache!

Aber nachdem sich die Jalousien bewegt hatten, geschah eine ganze Stunde lang gar nichts mehr, ganz gleich, wie intensiv Matilda auch hinaufstarrte. Sie sang schon wieder das beknackte Müller-Czerni-Kurt-Lied vor sich hin, als sich endlich die Haustür gegenüber öffnete und ein Typ mit dunklem Haar und hochgeschlagenem Mantelkragen heraustrat.

Das war er! Matilda konnte deutlich die Hakennase ausmachen, die sie bei der ersten Begegnung so beeindruckt hatte. Sie hatte Glück, nicht nur weil er überhaupt aus dem Haus gekommen war, sondern weil er nicht in ein Auto stieg, davonfuhr und damit eine Verfolgung unmöglich machte. Er ging netterweise zu Fuß, nicht besonders schnell, was an dem stattlichen Rucksack liegen konnte, den er auf dem Rücken trug. Matilda folgte ihm auf der gegenüberliegenden Straßenseite und hoffte, daß er nicht vorhatte, zu verreisen. Außerdem sollte er sich, wenn möglich, nicht umdrehen. Es war keine sonderlich belebte Straße, und der leuchtend orangefarbene Anorak, den Matilda trug, war nicht gerade zu übersehen. Aber sie hatte für dieses feuchtkalte Wetter nur noch einen dunkelblauen Mantel, und der stand ihr lange nicht so gut zu Gesicht. Deshalb war die Wahl am Morgen nicht besonders schwergefallen. Lieber auffallend gut aussehen als eine unauffällig dunkelblaue Maus zu sein.

Die Hakennase bog in die nächste Hauptstraße ein, spazierte die halbe Zülpicher Straße hinab und schnurstracks in einen Copy-Shop hinein.

Matilda sah durchs Fenster, wie er einen dicken Stoß Papier aus dem Rucksack nahm, sich an einen der Kopierer stellte und begann, Seite für Seite durch den Einzelblatteinzug zu jagen. Das würde ihn eine ganze Weile beschäftigen.

Matilda hatte leider nichts dabei, kein Papier, überhaupt nichts, was man hätte kopieren können. Daher überlegte sie nicht lange, rannte in den Buchladen gegenüber und kaufte das erstbeste Buch, das ihr in die Finger fiel. Damit betrat sie den Copy-Shop und stellte sich an den Kopierer neben Marius, dessen Papierberg kaum kleiner geworden zu sein schien.

Matilda legte das Buch aufgeschlagen auf die Kopierfläche. Dabei las sie zum ersten Mal den Titel: *Das Klimakterium – Die Wechseljahre als Chance* – na wunderbar! Sie würde aufpassen müssen, daß der Typ nicht sah, was für einen Unsinn sie da kopierte, aber wenn doch, würde sie einfach sagen, es sei für ihre Mutter. Sie schaute ihn von der Seite an. Er sah wirklich so gut aus, wie sie ihn in Erinnerung hatte, ein bißchen blasser und ein bißchen älter, vielleicht doch schon Mitte Dreißig.

Er warf ihr einen kurzen Blick zu, so kurz, daß Matilda nicht mal Zeit hatte, zu lächeln. Sie schlug eine neue Seite auf und drückte wieder auf die Starttaste. Dabei sah sie wieder hinüber zum anderen Kopierer und versuchte zu erkennen, welcher Art der auf dem Papierstapel verfaßte Text sei. Die Hakennase hatte von hinten angefangen, das Deckblatt lag immer noch obenauf. Matilda mußte sich ein bißchen seitwärts beugen und den Hals recken, bevor sie den Text entziffern konnte:

Marius Dorfmann: Der flambierte Mann – Roman

Oh, der Musikkritiker hatte einen Roman geschrieben, wie interessant! Er mußte wirklich eine Menge Freizeit haben. Sie starrte ihn wieder so durchdringend an, daß er erneut den Kopf zur Seite wandte und sie anblickte. Diesmal lächelte Matilda blitzschnell.

»Hi«, sagte sie.

Marius gab keine Antwort. Er runzelte nur die Stirn und wandte sich wieder seinem Roman zu.

Matilda war irritiert. Vielleicht hatte er sie nicht gehört.

»Hi!« wiederholte sie etwas lauter.

Marius wandte ihr erneut sein Gesicht zu. Diesmal zog er seine Augenbrauen hoch. »Kennen wir uns?« fragte er.

Matilda lächelte noch strahlender als vorher. »Kannst du dich nicht erinnern?«

»Ehrlich gesagt, nein.«

Matilda sah an sich herab. Na ja, kein Wunder, daß er sie nicht erkannte. Das letzte Mal war sie schließlich nicht über beide Ohren vermummt gewesen. Im Gegenteil, sie war verdammt tief ausgeschnitten gewesen. Sie lächelte verzeihend. Sicher hatte Marius beim letzten Mal mehr in ihren Ausschnitt gesehen als in ihr Gesicht. Man müßte ihm auf die Sprünge helfen, dem armen Kerl. Dann würde er auch etwas von seiner Schüchternheit verlieren.

»Heiß hier«, sagte sie und ließ langsam den Anorak über ihre Schultern gleiten.

Marius sah sie reichlich befremdet an.

»Na, erinnerst du dich jetzt?« fragte Matilda. Sie fand ihn sehr schüchtern. Normalerweise mußte sie nicht mal lächeln, damit die Typen sie nach ihrer Telefonnummer fragten, ganz gleich, ob sie sie vorher schon mal gesehen hatten oder nicht.

»Nein«, sagte Marius. Es klang nicht einmal bedauernd. Er wandte sich wieder seinen Kopien zu.

Verwirrt kopierte auch Matilda noch ein paar Seiten von *Klimakterium – Die Wechseljahre als Chance.* Entweder war er besonders schüchtern, oder er hatte wirklich kein Interesse an ihr. Letztere Möglichkeit schloß sie sofort wieder aus. Manche Männer verstanden eben keine versteckte Symbolik, da mußte man direkter vorgehen.

»Vielleicht können wir nachher einen Kaffee trinken gehen«, schlug sie also direkt vor.

»Wie bitte?« Die Hakennase sah jetzt verblüfft aus.

»Kaffee trinken«, wiederholte Matilda. »Hast du Lust? Dann können wir uns auch gleich näher kennenlernen.«

»Nein danke«, sagte Marius.

Matilda fand ihn schrecklich begriffsstutzig. Sie mußte wohl noch eine Spur direkter werden. »Es muß kein Kaffee sein. Hauptsache, wir lernen uns näher kennen. Ich meine, wirklich näher.« Sie schaute ihm tief in die Augen.

»Hör mal«, sagte Marius. »Ich weiß nicht, was du von mir willst. Aber was es auch ist, du mußt es ohne mich tun.«

Jetzt war es an Matilda, verblüfft zu gucken. »Wie bitte?«

Marius hatte sich schon wieder seinen Kopien zugewandt.

»Wie deutlich muß man denn bei dir werden?« fragte er, ohne sie anzusehen. »Ich stehe nicht auf Frauen, die mich so dreist anmachen, kapierst du das? Außerdem bin ich kein Fan von so jungem Gemüse.«

Matilda schwieg völlig entgeistert. Was hatte er da eben gesagt? Unmöglich!

Marius hatte seine Kopierarbeiten beendet. Er bezahlte, ohne ihr einen weiteren Blick zu gönnen.

Matilda sah ihm hinterher. Schockiert zog sie Buch und Kopien aus ihrem Apparat. Elf Mark siebzig mußte sie im Copy-Shop lassen, zwölf Mark neunzig hatte das Buch über die Wechseljahre gekostet. Eine Menge Geld, wenn man sich überlegte, was sie dafür bekommen hatte – eine glatte Abfuhr!

Und das mußte ausgerechnet ihr passieren!

17

»Ich kann es immer noch nicht glauben«, flüsterte Matilda. »Er hat einfach kein Interesse.«

Ollie legte tröstend einen Arm um sie. »Vielleicht ist er schwul«, sagte er. »Dann liegt es nicht an dir.«

»Oder er steht auf Marianne-Sägebrecht-Typen, da hättest du auch keine Chance«, ergänzte Benedikt.

»Es sei denn, sie finge auf der Stelle an zu essen«, meinte Caroline. »Es sind noch Nudeln da!«

Matilda nieste. »Jetzt habe ich mich auch noch erkältet. Stundenlang im Hauseingang zu lauern, bis der Mann meines Herzens erscheint, nur um festzustellen, daß er schwul ist.« Matilda schüttelte den Kopf. »Der ist nicht schwul, auf keinen Fall.«

Ollie und Benedikt lächelten überlegen. »Woher willst du das wissen? Dummerchen, du.«

Matilda nieste quer über den Küchentisch. »Da ist etwas in seinen Augen, das ist eindeutig nicht schwul. Und ich hab' mich auch noch erkältet!« Sie putzte sich die Nase.

»Eine Erkältung und ein Buch über die Wechseljahre, das ist alles, was ich vorweisen kann.«

»Das Buch kannst du immerhin irgendwann mal gebrauchen«, meinte Franziska und schob sich eine letzte Gabel voll Nudeln in den Mund.

Draußen regnete es immer noch Bindfäden. Es war

kalt, sie hatten die Öfen in Betrieb genommen. Von wegen goldener Oktober!

Trotzdem war es sehr gemütlich. Caroline hatte Bandnudeln mit Sahnesoße gekocht, die ganze Wohnung roch nach Knoblauch und Briketts, die Vorhänge waren vorgezogen, um die Kälte abzuhalten, die durch die schlecht isolierten Holzfensterrahmen kroch. Zu fünft saßen sie um den kleinen Küchentisch herum auf fünf verschiedenen Stühlen und hingen mehr oder weniger trüben Gedanken nach. Im Hintergrund spielte Fool's Garden das elfte Mal hintereinander *Lemon Tree*. Es war Carolines derzeitiges Lieblingslied, weshalb sie es dreizehnmal hintereinander auf eine Kassette überspielt hatte. Auf diese Weise, sagte sie, könne sie sich das lästige Zurückspulen ersparen. Die Mädchen waren an Carolines Macke gewöhnt. *Lemon Tree* war allemal besser als der Schmachtfetzen von der Kelly Family, womit sie sie den ganzen letzten Sommer gequält hatte.

»Er will mich einfach nicht!« seufzte Matilda. »Das ist eine Katastrophe – es sei denn, er ist doch schwul.«

Ollie und Benedikt nickten zustimmend. Glaubte man ihnen, waren zwei Drittel der Männer sowieso schwul, etwas, ziemlich oder vollkommen schwul, und auch wenn Matilda diese Theorien bisher auf das heftigste angezweifelt hatte, fuhr sie jetzt beinahe eifrig fort: »Ja, genau – wer bin ich eigentlich, um das zu beurteilen? Ganz sicher ist er schwul.«

Ollie und Benedikt erhoben sich grinsend. »Vielen Dank für das Essen, Caroline, es war köstlich.«

»Ihr könnt gerne noch bleiben«, versuchte Caroline sie umzustimmen. »Wir werden eine Flasche Rotwein aufmachen.«

»Nein«, sagte Benedikt. »Wir lassen euch besser allein.«

Als sie weg waren, knüpfte Matilda übergangslos an das vorherige Gespräch an: »Wenn Marius nicht schwul wäre, hätte er mich ja gewollt, oder was meint ihr?«

»Cornelius ist auch nicht schwul, aber er will mich trotzdem nicht«, sagte Franziska finster.

»Das ist etwas anderes«, behauptete Matilda. »Erstens hat er eine andere, zweitens hast du ihn zutiefst gekränkt, und drittens besteht zwischen dir und mir ein großer Unterschied!« Sie wurde immer sicherer. »Nur ein schwuler Mann kann mir widerstehen.«

»Eingebildete Ziege«, murmelte Franziska. »Das ist ja nicht auszuhalten! Wenn du mich fragst, bist du einfach mal auf einen Mann gestoßen, der mehr sieht als lange Beine und Körbchengröße C.«

»Ja, um so besser«, sagte Matilda. »Wenn jemand noch meine anderen Talente erkennt, meine ich.«

»Ach, Blödsinn«, fauchte Franziska. »Du hast ihn wahrscheinlich so plump angemacht, daß ihm schlecht wurde. Warum kannst du nicht akzeptieren, nicht mehr angesagt zu sein?«

»*Ich? Du* kannst es doch nicht ertragen«, verbesserte Matilda. »Du riskierst ja nicht mal, eine richtige Abfuhr zu kassieren. Ich meine, Cornelius weiß ja nicht mal, daß du ihn zurückhaben willst. Diesen Vorwurf kann man mir wirklich nicht machen.«

»Das stimmt allerdings«, murmelte Caroline.

»Ja, das stimmt«, gab Franziska zu. »Aber es liegt ja wohl auf der Hand, daß es ihn zwar irrsinnig freuen würde, wenn ich wieder angekrochen käme, er aber sein blondes Rehauge behalten wird! *Ich* gestehe mir das wenigstens ein.«

»Du bist ein Feigling«, sagte Matilda. »Traust dich nicht, zu überprüfen, ob deine Theorie wirklich stimmt. Manchmal muß man eben etwas listiger sein.«

»So wie du, was?« rief Franziska höhnisch. »Listig die Bluse aufknöpfen – daß ich nicht lache!«

Matilda rieb sich verlegen den Hals. »Nein«, gab sie zu. »Das war nicht besonders listig. Ich hatte mich verschätzt. Ich dachte, die direkte Tour kommt bei Marius an. Das tut sie immerhin bei neunundneunzig Prozent aller Männer, jedenfalls bei denen, die nicht gerade auf der Suche nach der großen Liebe sind. Gut, bei dem war es ein Irrtum, vermutlich steht er mehr auf das Subtile. Aber ich gebe nicht so schnell auf wie du, jedenfalls nicht, bevor ich nicht alles versucht habe.«

Franziska schwieg.

»Ich wüßte genau, wie ich es anzustellen hätte«, sagte sie dann.

»Was anstellen?«

»Na, mit Cornelius, meine ich.« Franziska lächelte verhalten. »Schließlich kenne ich ihn ziemlich gut. Ich habe nur Angst, daß er, auch wenn ich alle Register ziehe, bei seiner blonden Ziege bleibt.«

»Ausgeschlossen«, meinte Caroline sicher. »Nicht, wenn du es psychologisch richtig angehst. Das gleiche gilt für Matilda. Sie zieht bei jedem Mann die gleiche Nummer ab – ohne sich psychologisch auf seine individuellen Bedürfnisse einzustellen.«

Matilda lachte laut. »Individuelle Bedürfnisse – daß ich nicht lache! Tips von Jungfrau Caroline zum Thema: So angelt man sich einen Typ! Das ist wirklich komisch, Caroline.«

»Psychologisches Einfühlungsvermögen ist eine Eigenschaft, die nichts mit der Anzahl der Männer zu tun hat, mit denen man ge – ähm – hat«, sagte Caroline und wurde ein bißchen rot.

Franziska nickte. »Caroline hat recht. Sie ist uns, was psychologische Taktiken angeht, haushoch überlegen. Ihre Menschenkenntnis, kombiniert mit deiner Dreistigkeit und Morallosigkeit und meiner Phantasie und meinem Charme – und wir hätten die unwiderstehliche Idealfrau geschaffen.«

»Nur wenn diese Frau meinen Körper hätte«, grinste Matilda. Dann seufzte sie noch einmal schwer. »Allerdings hielt ich mich bis heute auch ohne deine und Carolines Eigenschaften für unwiderstehlich.«

»Mir wird dieser Typ immer sympathischer«, murmelte Franziska.

»Mir auch«, sagte Matilda. »Wirklich, erst jetzt wird er so richtig interessant. Vielleicht schadet ein bißchen psychologisches Einfühlungsvermögen wirklich nicht. Wenn ich wüßte, wie er sich seine Traumfrau vorstellt, würde ich im Handumdrehen genauso sein – nur vorübergehend natürlich, bis er mir ganz und gar verfallen wäre. Ich meine, wer bin ich denn, mich wegen eines Kerls völlig zu verändern?«

»Du willst nach dieser Schlappe tatsächlich noch mal versuchen, bei dem zu landen?« fragte Franziska.

»Ja«, antwortete Matilda. »Aber diesmal lasse ich mir Zeit.«

»Sehr gut«, lobte Caroline.

»Also gut«, lenkte auch Franziska ein. »Was du dich traust, traue ich mich schon lange. Ich hole mir Cornelius zurück. Noch vor Weihnachten.«

»Toll«, sagte Caroline. »Das würde ich an deiner Stelle

auch tun.« Sie kratzte wehmütig die Soße aus dem Topf. »Das ist also von unserem wunderbaren Singleleben übriggeblieben. Ich werde hier wieder mal die einzige ohne Typ sein.«

»Niemand hindert dich daran, dir ebenfalls einen zu angeln«, sagte Matilda. »Warum tust du's nicht?«

»Das unterscheidet mich von dir«, antwortete Caroline. »Ich sehe keine unmittelbare Notwendigkeit, mir einen Typ zu angeln, solange ich nicht unendlich verliebt bin.«

Matilda lachte. »An deiner Stelle würde ich *darauf* nicht warten. Nimm einfach irgendeinen, und mach diesem schrecklichen Jungferndasein ein Ende.«

»Wir Frauen von heute nehmen nicht den ersten, sondern den besten«, erklärte Caroline würdevoll. »Und du bist die große Ausnahme, eine von gestern.«

18

Gegenüber Matilda hatte Franziska den Vorteil, daß sie nicht nur wußte, wo Cornelius wohnte, sondern auch seinen Tagesrhythmus ziemlich genau kannte, den Arbeitsplatz, die Arbeitszeiten, die Zeiten für sein Wasserballtraining, den Lieblingssupermarkt, sogar die etwas eigenartige Vorliebe, auf dem Rückweg von der Arbeit eine Station früher auszusteigen und die Reststrecke zu Fuß zurückzulegen. Sie kannte auch seine Joggingstrecke am Rhein, wo er Sonntag vormittags zu finden war, und entschloß sich, eben dort eine rein zufällige Begegnung herbeizuführen.

Caroline flocht ihr zwei feste Zöpfe. »Dieser neue Jogginganzug steht dir wirklich gut«, meinte sie. »Die Anschaffung wird sich lohnen.«

»Aber nur, wenn er nicht mit dieser Jenny joggt«, sagte Franziska. »In diesem Fall werfe ich mich ins nächste Gebüsch.«

Caroline war fertig. Sie setzte Franziska die Kopfhörer ihres Walkmans auf und begutachtete sie mit schiefgelegtem Kopf. »Du siehst wirklich toll aus«, lautete ihr Kommentar.

»Das will ich meinen«, erwiderte Franziska grinsend. »Ich war schließlich zum ersten Mal in meinem Leben bei einer Kosmetikerin, meine Wimpern sind gefärbt, und was für Schmerzen ich beim Ausrupfen meiner Augenbrauenhaare erlitten habe – darüber möchte ich mich lieber in Schweigen hüllen.«

»Du bist die wohlgestylteste Joggerin, die die Welt je gesehen hat«, meinte Caroline. Sie sah besorgt aus dem Fenster. »Wenn nur das Wetter mitspielt. Für Ende Oktober ist es gräßlich kalt. Würde mich nicht wundern, wenn aus den dicken schwarzen Wolken da Schnee käme!«

»Ich kann aber schlecht bis zum Frühjahr warten.« Franziska erhob sich. »Hätte ich vielleicht doch besser den Zusammenstoß mit den Rollerskates arrangieren sollen?«

»Das kannst du immer noch tun«, sagte Caroline beschwichtigend. »Joggen ist erst mal unverdächtiger. Schließlich ist das genauso deine Joggingstrecke wie seine.«

Franziska nickte. »Wo ist Matilda? Ich habe sie seit gestern abend nicht mehr gesehen.«

»Sie schläft noch. Sie verkraftet ihre Schlappe sehr schlecht.«

»Hoffentlich lernt sie was daraus«, sagte Franziska. »Und hoffentlich habe ich mehr Erfolg.«

»Du willst ja bloß reden, das ist was völlig anderes. Cornelius soll nicht auf die Idee kommen, daß du ihn zurückhaben willst. Er soll bloß denken: Was ist die Franzi doch für ein süßes Mädchen!«

»Psychologie«, ergänzte Franziska seufzend. »Hoffentlich funktioniert das. Augenblicklich hält er mich nämlich für alles andere als süß.«

»Richtig«, stimmt Caroline zu. »Du bist für ihn eine selbstsüchtige, eigensinnige und treulose Person, charakter- und ehrlos und obendrein noch eifersüchtig. Vielleicht ist mehr als eine Begegnung notwendig, um ihn umzustimmen.«

»Ich bin kein Stehaufmännchen wie Matilda.« Franziska sah auf die Uhr. »Ich muß los, sonst verpasse ich ihn am Ende noch.«

Das Wetter lud nicht gerade zum Spazierengehen ein. Der Fluß war bleifarbener denn je, der Himmel grau verhangen. Es war windig, und es konnte jeden Augenblick zu regnen anfangen. Die Rheinpromenade war deshalb auch ziemlich menschenleer, nur ein paar hartgesottene Hundebesitzer führten ihre Lieblinge aus. Franziska begann ihre Joggingrunde an der Zoobrücke. Cornelius würde sich von den paar Wolken nicht vom Training abhalten lassen, diszipliniert, wie er nun mal war.

Sie rannte in gemäßigtem Tempo bis zur Mülheimer Brücke und zog dort in den Grünanlagen ein paar Runden. Aber Cornelius tauchte nicht auf.

Statt dessen heftete sich ein Radfahrer an ihre Fersen. »Hallo, Schönheit«, sagte er.

»Hau ab«, erwiderte Franziska und schlug einen unwegsamen Pfad ein.

Der Radfahrer folgte ihr trotzdem. »Warte doch mal, Süße«, rief er. »Man wird doch wohl mal reden dürfen.«

Franziska sah sich zu ihm um. Es war ein jüngerer Mann mit einer Baseballkappe, eigentlich sah er ganz harmlos aus. Sie beschloß, ihn einfach zu ignorieren. Beim nächsten Hundebesitzer, der ihren Weg kreuzte, würde er schon Leine ziehen.

Aber es kam kein Hundebesitzer mehr. Statt dessen fing es an zu regnen.

»Hey, Süße, du wirst ja ganz naß! Sollen wir nicht irgendwo unterkriechen, wir beide?« rief der Radfahrer und fuhr noch ein bißchen näher an Franziska heran.

»Verschwinde«, fauchte sie und blieb stehen. »Mach, daß du wegkommst!«

Der Typ dachte aber gar nicht daran. Mit einem fiesen Grinsen warf er sein Fahrrad zur Seite und kam auf sie zu.

»Mir macht das Wetter nichts aus«, sagte er. »Ich bin ganz heiß.«

Franziska bekam Angst. Das war kein Spaß mehr, das konnte sie in seinen Augen lesen. Blitzschnell überlegte sie, was sie tun konnte. Angst niemals zeigen, laut um Hilfe rufen und sich zur Wehr setzen. Zuerst in die Augen stechen, dann in die Eier treten und zum Schluß vors Schienenbein treten, so fest sie konnte. Aber der Polizist neulich im Fernsehen hatte gesagt, Gegenwehr mache alles nur noch schlimmer. Sie versuchte abzuschätzen, ob der Typ in der Lage war, sie zu Fuß einzuholen. Er sah nicht unsportlich aus, auch nicht asozial, vom Alkohol geschwächt.

Trotzdem, sie war eine ziemlich schnelle Läuferin, und der einzige Mann, der sie einholen konnte, war Carl Lewis. Sie machte ein paar Schritte rückwärts, um ihn von seinem Fahrrad wegzulocken. Er folgte ihr grinsend.

»Angst?« fragte er. »Mußt du nicht haben! Ich hab' noch keiner Frau weh getan.«

Franziska drehte sich um und begann zu rennen, wieder auf die Mülheimer Brücke zu, in einem affenartigen Tempo. Aber sie kam nicht weit. Auf einem schlammigen Wegstück rutschte sie aus und fiel hin. Dabei knickte sie mit dem Fuß um, der Schmerz stach in ihren Knöchel wie ein Messer.

Der Typ mit der Basballkappe war sofort neben ihr.

»Wo wolltest du denn hin?« Wieder grinste er auf abscheuliche Art und Weise. »Laß dir von mir aufhelfen. Oder möchtest du gleich liegenbleiben?«

Franziska rappelte sich auf. »Laß mich in Ruhe«, sagte sie. Sie hatte jetzt wirklich Angst, und sie wußte nicht, was sie tun sollte.

Der Typ legte eine Hand auf ihren Jogginganzug, dorthin, wo er ihre Brust vermutete. Franziska schlug angeekelt nach seinem Arm und machte einen Schritt zurück.

Die gespreizten Finger in die Augen stechen, dachte sie wieder, aber das zu tun erschien ihr geradezu unmöglich. Augäpfel mußten sich ekelhaft anfühlen, wie feste Götterspeise, und sicher würde es ein ekelhaftes Geräusch geben. Nein, das kam gar nicht in Frage. Statt dessen versuchte sie zu schreien.

»Hiiiiiiiiiiiiiiilfe«, quiekte sie schrill, aber das hielt den Mann nicht davon ab, sie erneut anzufassen, diesmal etwas energischer. Franziska schlug wieder nach seiner Hand und spreizte ihre eigenen Finger.

»Lassen Sie das Mädchen sofort los«, rief eine Stimme hinter dem Angreifer. Jemand packte den Mann an seiner Jacke und zog ihn nach hinten. Es war Cornelius, der Himmel mußte ihn vorbeigeschickt haben. Franziska stöhnte erleichtert auf.

Cornelius sah sehr grimmig aus, der Mann mit der Baseballkappe verspürte offensichtlich keine Lust, sich mit ihm anzulegen. Ohne weitere Erklärung riß er sich los und machte sich davon.

Franziska rieb sich beide Oberarme.

»Bist du in Ordnung?« fragte Cornelius.

Franziska nickte. Sie war ihm unendlich dankbar, am liebsten hätte sie geheult und sich in seine Arme geworfen. »Es ist nichts passiert.«

Sie sah an sich herab, der schöne neue Jogginganzug war schlammverschmiert, der Knöchel schmerzte immer noch.

»Franziska«, fragte Cornelius eindringlich, »hat er dir wirklich nichts getan?«

»Nein, du bist ja rechtzeitig gekommen.« Sie versuchte ein Lächeln, aber statt dessen kamen ihr die Tränen. Entsetzt wischte sie sie mit dem Ärmel von der Wange.

Cornelius zögerte. Offensichtlich hätte er sie gern in den Arm genommen, wußte aber nicht so recht, ob diese Geste angebracht war. Er hatte eine maßlose Wut auf den Mann mit der Baseballkappe.

»Wir müssen zur Polizei«, sagte er. »So ein Typ schnappt sich gleich die nächste, wenn nicht heute, dann ein andermal.«

»Ich will nicht zur Polizei.«

»Komm schon, wir gehen gemeinsam«, sagte Cornelius. »Das muß sein, dann können sie ihn vielleicht heute noch dingfest machen.«

Franziska schüttelte den Kopf. »Das will ich nicht. Das ist gräßlich. Im Grunde ist doch nichts passiert. Vielleicht hätte er mir gar nichts getan.«

»Doch, das hätte er.« Cornelius griff nach der Hand, die sie um ihren Oberarm gekrallt hatte. »Komm jetzt, wir gehen.«

Franziska humpelte neben ihm her. Sie hatte ganz vergessen, warum sie eigentlich hier draußen war. Aber es war ein schönes Gefühl, wieder einmal Hand in Hand mit Cornelius einherzuhumpeln. Beinahe hätte sie gelächelt.

Aber Cornelius machte immer noch ein grimmiges Gesicht.

»Wieso joggst du überhaupt allein in dieser gottverlassenen Gegend? Ich habe dir schon tausendmal gesagt, wie gefährlich das ist.«

»Außer dir kenne ich niemanden, der mit mir joggen würde«, erwiderte Franziska. »Und du hast nicht den Eindruck gemacht, als würdest du gerne weiter mit mir trainieren.«

»In der Tat«, gab Cornelius zu. »Aber du machst auch so schon genug Sport. Mußt du ausgerechnet darauf bestehen, zu joggen?«

Franziska schwieg. Cornelius hielt immer noch ihre Hand, die ganze Strecke zurück bis zur Zoobrücke.

»Ich will nach Hause«, sagte sie schließlich. »Mir ist kalt. Ich möchte ein Bad nehmen.«

»Wir gehen erst zur Polizei«, bestimmte Cornelius. »Das muß einfach sein. So ein Triebtäter darf nicht frei herumlaufen, nur weil du lieber in die Wanne möchtest.« Und mit für seine Verhältnisse geradezu überwältigender Sensibilität setzte er hinzu: »Natürlich verstehe ich, wie du dich jetzt fühlst. Du mußt aber noch eine Weile tapfer sein.«

Tapfer sein, wie früher beim Kinderarzt. Cornelius hatte so eine altväterliche Art, sich auszudrücken. Aber Franziska würde sehr tapfer sein, solange er nur weiter ihre Hand hielt.

Bei der Polizei war es nur halb so schlimm, wie Franziska vorher gedacht hatte. Die Beamten waren sehr nett, sie mußte sich weder fotografieren lassen noch eine endlose Verbrecherkartei durchsehen, wie man das aus dem Fernsehen kannte. Sie erzählte, was geschehen war, und versuchte den Mann, so gut es ging, zu beschreiben. Cornelius tat das gleiche, für den Teil der Geschichte, den er miterlebt hatte. Bei Franziskas Schilderung über das, was er verpaßt hatte, verfinsterte sich seine Miene noch mehr.

Nach einer halben Stunde standen sie wieder vor dem Präsidium und sahen sich verlegen an.

»Ich bringe dich noch nach Hause«, sagte Cornelius bestimmt.

»Das mußt du nicht«, erwiderte Franziska und lächelte. »So was passiert ja wohl nicht zweimal am selben Tag. Ich kann sehr gut allein nach Hause fahren.«

»Wenn du meinst.«

»Tja dann. Vielen Dank für deine Hilfe«, verabschiedete sich Franziska.

»Mach's gut«, sagte Cornelius und berührte ganz leicht ihre Schulter.

18

»Wie romantisch!« rief Caroline aus. »Cornelius hat dich vor einem bösen Mann gerettet! Das ist ja wie in einem Roman.«

»Na ja, ich hätte ihm wirklich ungern die Augen ausgestochen«, meinte Franziska mit Schaudern.

Auch Matilda war beinahe neidisch. »Das hätte man ja besser gar nicht arrangieren können.«

»Eigentlich war es schrecklich«, sagte Franziska. »Ich hoffe nur, die sperren diesen Kerl ein.«

Matilda seufzte. »Vielleicht könnten wir auch einen Kerl anheuern, der mich überfällt, wenn Marius gerade des Weges kommt.«

»Der würde vermutlich vorbeigehen«, meinte Caroline. »Nicht jeder Mann hat diesen ritterlichen Beschützerinstinkt wie Cornelius. Wirklich, Franziska, diese Aktion war ein echter Erfolg.«

Franziska nickte verträumt. »Ihr hättet sein Gesicht sehen sollen. Vielleicht hat er doch noch was für mich übrig.«

»Bestimmt sogar«, meinte Caroline. »Als nächstes starten wir die In-Line-Skate-Nummer.«

»Und was ist mit mir?« quengelte Matilda. »Warum denkt ihr euch nicht so was Gutes für mich aus?«

»Weil du sowieso immer mit dem Holzhammer vorgehst«, sagte Caroline. »Du kannst immer nur die gleiche Masche abziehen, egal bei wem.«

»Bist jetzt hat die eben immer funktioniert«, verteidigte sich Matilda. »Ich bin ja selber ganz verwirrt. Ich habe immer wieder und wieder über die Szene im Copy-Shop nachgedacht. Bei allem Bemühen, ich konnte mir einfach nicht einreden, daß Marius vielleicht doch Interesse an mir hat oder es bekommen könnte.« Für einen Augenblick sah es so aus, als würde sie zu heulen anfangen. »Und das schlimmste ist, daß er immer wichtiger für mich wird. Ich meine, ich kenne ihn im Grunde nicht, aber ich will ihn einfach haben!«

Jetzt schniefte sie. »Dabei fürchte ich, ich bin überhaupt nicht sein Typ.«

Caroline nahm sie mitleidig in die Arme. »Das kannst du nicht wissen«, sagte sie sanft. »Die Matilda, die ihn im Copy-Shop angemacht hat, die ist nicht sein Typ, aber in dir stecken ja noch ganz andere Matildas. Vielleicht steht er auf die, die mit Engelsstimme bei diesem Konzert singt, in einem wunderschönen schwarzen Kleid.«

»Meinst du?« Matilda legte zweifelnd den Kopf zur Seite. »Ich habe tatsächlich ein affenscharfes schwarzes Kleid. Allerdings bezweifle ich, daß es für diesen Auftritt in der Provinz geeignet ist. Sicher muß ich mir etwas Damenhafteres anschaffen – aber wer weiß, vielleicht steht Marius ja auf Damen.«

»Und auf Zurückhaltung«, ergänzte Caroline. »Wenn ich du wäre, würde ich bis zu diesem Konzert warten. Bis dahin hat er vielleicht schon dein Gesicht vergessen – und wenn nicht, dann sagst du, du hast eine punkige Zwillingsschwester.«

Matilda sah schon wieder zuversichtlicher aus. Als das Telefon klingelte, klang ihr Hallo beinahe fröhlich.

»Cornelius? Ja, klar, die ist da. Franzi, für dich.«

Franziska preßte theatralisch eine Hand auf die Herzgegend, bevor sie den Hörer entgegennahm.

»Hallo«, sagte Cornelius. »Ich wollte nur hören, ob du gut angekommen bist.«

»Ja, bin ich«, antwortete Franziska. »Und mir geht es gut.«

»Fein.« Cornelius machte eine Pause. »Ja, dann wünsche ich dir, daß du heute nacht gut schläfst.«

»Vielen Dank, daß du dich erkundigt hast. Schlaf schön!«

»Gute Nacht. Und – Franziska?«

»Ja?«

»Wenn du das nächste Mal unbedingt joggen mußt, sag mir vorher Bescheid. Vielleicht habe ich ja Zeit.«

»Mach' ich«, sagte Franziska.

»Er liebt dich«, frohlockte Caroline, aber Franziska schüttelte nachdenklich den Kopf. »Vielleicht heißt das nur, daß wir jetzt Freunde sind.«

»Egal«, rief Caroline. »Auf jeden Fall ist es ein guter Anfang.«

»Wie kommt es eigentlich, daß du so gut Bescheid weißt in diesen Dingen und selber immer noch Jungfrau bist?« wollte Matilda wissen.

»Sei nicht gemein«, tadelte Franziska. »Caroline ist Jungfrau aus freien Stücken.«

»Jedenfalls fast freiwillig«, ergänzte Caroline. »Manchmal denke ich, es wird langsam höchste Zeit. Aber ich kann schließlich nichts dafür, wenn es immer kurz vorher schiefgeht. Der Johannes zum Beispiel hätte derjenige welcher sein können. Aber er hat es vorgezogen, eine offene Zweierbeziehung zu praktizieren. Selber schuld.«

»Wenn ich auf die großen Gefühle gewartet hätte, wäre

ich jetzt auch noch Jungfrau«, erklärte Matilda. »Aber es ist auch nicht so, daß ich jedesmal ja gesagt hätte. Ihr habt ein völlig falsches Bild von mir, genau wie dieser Marius. Ihr werdet schon sehen, wie ich mich in Zukunft verändern werde. Wenn Marius auf reife Frauen steht, werde ich eben eine solche werden.«

»Hey, Matilda«, sagte Franziska. »Du bist doch gar nicht so übel. Mir ist der Gedanke schrecklich, du könntest mit einemmal eine richtige Dame werden! Ich mag dich als wilde Matilde lieber.«

»Aber versuchen kann sie es ja mal«, meinte Caroline. »Übrigens hat heute ein Typ für dich angerufen, Fabian oder so. Er hat seine Nummer hinterlassen.«

»Ach der!« Matilda machte eine abwehrende Geste. »Kein Interesse von meiner Seite.«

20

»Dulcissimeeeeee«, sang Matilda, und Caroline und Franziska waren begeistert, wie süß ihre Stimme klang, trotz der schwindelnden Höhe.

»Sie hat echt dazugelernt«, sagte Franziska anerkennend.

»Sie macht ja auch nichts anderes als üben, üben und noch mal üben. Seit vier Tagen läuft sie völlig ungeschminkt herum, und sie hat nicht mal Haarschaum benutzt«, erwiderte Caroline. »Vielleicht ist sie diesmal echt verliebt.«

»Ich bin es jedenfalls«, seufzte Franziska. »Ich weiß, es klingt unheimlich kitschig, aber seit Cornelius mir das Leben gerettet hat . . .«

»Sagen wir mal, er hat deine Ehre gerettet«, holte sie Caroline auf den Boden der Wirklichkeit zurück. »Oder noch eher: Er hat dich davor bewahrt, einem Kerl die Augen auszustechen. Ich wette, dann hättest du jetzt jede Nacht Alpträume.«

»So oder so, jedenfalls war er großartig. Überhaupt nicht so transusig, wie er mir in der letzten Zeit immer vorkam. Und ich muß sagen, er ist wirklich gutaussehend.«

»Sag' ich doch immer schon«, meinte Caroline. »Aber jetzt ist es allmählich Zeit für Aktion Nummer zwei! Schließlich gibt es da immer noch diese Jenny in Cornelius' Leben.«

»O ja«, seufzte Franziska. »Diese blöde Kuh! Sicher liebt er sie mehr als mich. Und treu wie er ist, wird er sie natürlich im Leben nicht hintergehen. Er würde an seinem schlechten Gewissen zugrunde gehen.«

»In trutina vera«, sang Matilda in ihrem Zimmer, und es hörte sich wunderschön an.

»Sie ist wirklich gut«, wiederholte Caroline. »Viel zu gut für dieses Provinznest Herrenhausen und den Männergesangverein. Es würde mich nicht wundern, wenn dieser Marius ganz hingerissen von ihr wäre.«

»Würde ich ihr gönnen.« Franziska schaute in den Spiegel. »Wie sehe ich aus?«

»Nicht mal übel«, sagte Caroline. »Der Pony müßte nur mal wieder geschnitten werden.«

»Ich gehe zum Friseur«, entschied Franziska. »Dann lasse ich mir gleich so eine Pflanzentönung mit einem hauchzarten Rotschimmer verpassen.«

In der Illustrierten beim Friseur las Franziska, daß das Vorurteil, Blondinen seien dümmer als Brünette, in einer wissenschaftlichen Untersuchung bestätigt worden sei. Es war eine sehr zweifelhafte Notiz, aber Franziska freute sich darüber. Diese Jenny war eine Blondine und ganz sicher nicht die große Ausnahme. Es würde nur noch eine Frage der Zeit sein, bis sie bei Cornelius abgemeldet war.

Mut duftig geföntem und frisch getöntem Haar machte sich Franziska auf zu ihrem nächsten Treffen mit Cornelius. Die In-Line-Skates unter den Füßen, rollte sie ihm direkt in die Arme, als er von der Straßenbahnstation kam. Glücklicherweise wohnte er so zentral, daß es eine Million Gründe dafür gab, warum man sich hier herumtreiben konnte. Niemand würde böswilligerweise Absicht hinter Franziskas Anwesenheit vermuten können.

Das tat Cornelius auch nicht. Er war es, der Franziska absichtlich in den Weg trat, und sie konnte überrascht dreinschauen und sogar ausrufen: »Corni! Was machst du denn hier?«

»Ich wohne hier in der Nähe, falls du das vergessen hast«, entgegnete Cornelius. »Ich komme gerade von der Arbeit.«

»Oh, ist es schon wieder so spät?« Franziska warf einen leeren Blick auf ihre Uhr. »Ich war in der Bibliothek, um zu lernen.« Sie zeigte hinter sich. »Da vergißt man schnell die Zeit.«

»Hast du eine Verabredung?«

»Nein«, sagte Franziska, und es gelang ihr, eine empörte Miene aufzusetzen. »Mir ist augenblicklich nicht nach Verabredungen.«

»Oh, ach so«, machte Cornelius. Kritisch musterte er den Himmel. »Sieht nach Schnee aus, was meinst du? Oder jedenfalls nach kaltem Regen.«

Wollte sich der jetzt über das Wetter unterhalten? »Wir scheinen immer das Glück zu haben, uns bei Mistwetter in die Arme zu laufen«, erwiderte Franziska rasch. »Nicht gerade geeignet für einen Plausch unter Freunden.«

»Ja, das ist schade«, stimmte Cornelius zu. »Wir könnten irgendwie einen heißen Kakao trinken, wenn du Zeit hast.«

»Ich habe Zeit«, sagte Franziska erfreut. Dann aber runzelte sie besorgt die Stirn. »Aber auf dich wartet doch sicher jemand.«

»Nein«, sagte Cornelius. »Jenny ist zur Abendschule,

sie hat dort einen Wirtschaftsstudiengang belegt. Ich hätte Zeit für einen Kakao.«

»Fein.« Bei der Erwähnung von Jennys Namen lief Franziska ein Schauder den Rücken hinab. Sie hätte gern ein paar gemeine Bemerkungen losgelassen, aber das wäre nicht klug gewesen. Daher kniff sie die Lippen zusammen und sagte eine Weile gar nichts. Schweigend gingen sie bis zum nächsten Café, das heißt, nur Cornelius ging, Franziska rollerte langsam nebenher.

»Du bist also immer noch Single«, begann Cornelius, als sie beide einen Kakao bestellt hatten. »Hätte ich nicht gedacht.«

Franziska lächelte ihn an. »Ich habe schließlich nicht mit dir Schluß gemacht, um mit dem nächstbesten loszuziehen. Oh, entschuldige«, setzte sie mit gespielter Zerknirschtheit hinzu. »Ich wollte damit natürlich nicht sagen, daß du es so gemacht hast, nur weil du jetzt wieder eine Beziehung hast. Ich weiß, du hättest nie was mit dieser Jenny angefangen, wenn du sie nicht wirklich lieb hättest.«

Cornelius sagte nichts dazu. Franziska schöpfte Hoffnung.

»Und sie scheint ja wirklich ein – ähm – ein nettes Mädel zu sein.« Die Worte schmeckten Franziska wie Essig, und sie war froh, daß die Kellnerin den Kakao brachte. Sie nahm einen besonders großen Schluck.

»Ich war am Anfang ganz schön eifersüchtig«, sagte sie dann.

»Tatsächlich?«

»Aber ja.« Franziska nickte eifrig. »Schon deshalb, weil du bei ihr plötzlich all die Dinge zu tun scheinst, die du bei mir nie getan hättest.«

»Zum Beispiel?«

Franziska winkte ab. »Ach, das ist doch jetzt egal. Ich freue mich, daß du glücklich bist. Unsere Beziehung ist nun mal leider Vergangenheit!«

»Leider?«

»Ja, leider.« Franziska sah ihm kurz in die Augen. »Aber vermutlich ist es besser so. Als ich gehört habe, daß du nach so kurzer Zeit eine andere hattest, wußte ich, daß ich das Richtige getan hatte. Jenny hat mir erzählt, daß ihr euch schon lange mochtet und nur deine Treue zu mir dich davon abgehalten hat, was mit ihr anzufangen.«

»Das hat Jenny gesagt?« rief Cornelius aus.

Franziska nickte. »Ja, aber das ist doch nichts Schlimmes. Im Gegenteil, es spricht für dich, daß du mir treu geblieben bist, obwohl du deine Traumfrau täglich vor Augen hattest.«

»Jenny ist nicht . . .«, begann Cornelius, aber dann schien er es sich anders zu überlegen. »Geht es dir denn gut?« fragte er. »So ohne Beziehungskiste, meine ich. Fehlt dir da nicht die tägliche Bestätigung?«

»Keine Beziehung zu haben bedeutet ja nicht, daß man keine Bestätigung bekommt«, dozierte Franziska und schüttelte ihr frischgeschnittenes und getöntes Haar. »Aber irgendwie – ich vergleiche jeden Mann mit dir, und dann bleibe ich lieber solo.«

»War ich denn so schrecklich?«

Franziska beschloß, die Frage unbeantwortet zu lassen. »Erzähl von Jenny«, forderte sie ihn auf. »Wie ist sie denn so?«

»Anders«, antwortete Cornelius bereitwillig. »Sie ist völlig anders als du. Immer gut gelaunt, irgendwie berechenbar und fair.«

Langweilig, dachte Franziska. Sterbenslangweilig! Sie lächelte Cornelius an. »Und das gefällt dir?« fragte sie.

»Irgendwie schon«, meinte Cornelius. »Jenny nörgelt nie an mir herum, ich habe das Gefühl, für sie bin ich wirklich der Traummann. Für dich war ich nie gut genug, immer hattest du irgendwas auszusetzen, je nach Laune. Du bist überhaupt die launischste Person, die ich kenne. Wirklich.«

»Ja«, gab Franziska zu. Aber dafür war sie auch niemals langweilig! Und so launisch war sie nun auch wieder nicht. Verglichen mit Matilda zum Beispiel war sie der reinste Engel. Selbst schuld, wer das nicht zu schätzen wußte. »Denkst du bei Jenny auch an Heiraten und Kinderkriegen und so weiter?«

»Sie wäre die ideale Frau dafür«, sagte Cornelius. »Ich bin ein Glückspilz, daß sie sich ausgerechnet in mich verliebt hat.«

Franziska leerte ihre Tasse. Selbst der Kakao schmeckte jetzt nach Essig. Es war die reinste Folter, Cornelius' Reden mit anzuhören und dabei noch zu lächeln. Lange hielt sie das nicht mehr aus.

Aber auch Cornelius schien über dem Gespräch mehr und mehr Sehnsucht nach seiner tollen Jenny bekommen zu haben. Er winkte plötzlich die Kellnerin heran und wollte bezahlen.

»Ich zahle meinen Kakao selbst«, protestierte Franziska, aber Cornelius bestand darauf, die Rechnung zu übernehmen.

»Ich muß jetzt los und noch was einkaufen, bevor die Läden zumachen«, entschuldigte er sich und hatte es auf einmal sehr eilig. »Ich möchte für Jenny etwas Besonderes kochen.«

»Ja«, sagte Franziska. »War schön, dich mal wieder gesehen zu haben.«

Cornelius nahm sie draußen flüchtig in die Arme.

»Das fand ich auch«, erwiderte er herzlich. »Paß gut auf dich auf, und ehe du noch mal so was machst wie neulich, ruf mich lieber an. Vielleicht können wir ja auch mal ins Kino gehen. Sonntags zum Beispiel, da ist Jenny immer mit ihren Freundinnen unterwegs.«

»Ja, gerne«, murmelte Franziska mit letzter Kraft. »Ruf an, wenn du Lust hast.«

Kaum hatte sich Cornelius ein paar Schritte entfernt, brach sie in Tränen aus. Himmel, das war ja noch schlimmer, als sie es für möglich gehalten hatte. Er meinte es wirklich ernst mit dieser Jenny. Franziska schluchzte auf dem ganzen Heimweg bitterlich. Sie erwog ernstlich, Jenny mit dem Auto zu überfahren.

21

Matilda stand in einem hochgeschlossenen schwarzen Kleid vor ihnen.

»Wie sehe ich aus? Ihr könnt es mir ruhig ehrlich sagen.«

Das Kleid war knöchellang, eng geschnitten mit zwei raffinierten, aber nicht übertrieben hohen Seitenschlitzen. Matildas schwarzes Haar war mit Wet-Gel nach hinten gekämmt, von einer einzigen Locke abgesehen, die wie moduliert in die Stirn fiel. Sie hatte alle elf Ohrringe und -stekker aus den Ohrläppchen entfernt, ein dezentes Make-up aufgelegt und war kaum wiederzuerkennen.

»Die Frisur ist übertrieben streng«, bemerkte Franziska kritisch. »Die Locke erinnert mehr an Flamenco, das muß ja nicht sein. Deine üblichen Wuschel-Igel-Locken zu dem Kleid würden besser aussehen.«

»Du brauchst andere Schuhe«, setzte Caroline hinzu. »Mit diesen Plateauschuhen siehst du aus wie der Eiffelturm.«

»Ein bißchen Schmuck kann auch nicht schaden«, meinte Franziska.

Matilda drehte sich einmal um die eigene Achse. »Aber das Kleid ist okay, ja? Oder kann man ihm ansehen, daß es schon dreißig Jahre alt ist?«

»Ach was! Solche Kleider kommen nie aus der Mode. Und denk mal, wie wundervoll: Du trägst das Kleid, das deine Mutter zu ihrem ersten Auftritt trug.«

»Nur war der in Mailand, und meiner ist in Herrenhausen!« klagte Matilda. »Ich schätze, daran werde ich mich höchst ungern erinnern.« Sie nahm den feinen Stoff zwischen Daumen und Zeigefinger und grinste. »Und eines sage ich euch: Wenn ich nicht total idiotisch verliebt wäre, würde ich diese Kleidershow überhaupt nicht mitmachen. Das würde mir echt alles am Arsch vorbeigehen.«

»Das glauben wir dir«, versicherte Franziska lächelnd. »Ich leihe dir meine doppelreihige Perlenkette und die dazu passenden Ohrstecker – die, die du immer so spießig fandest. Für den Anlaß sind sie genau richtig.«

»Danke«, sagte Matilda. »Sehr nett von dir. Und meine Alltagsfrisur ist echt nicht zu flippig?«

»Nicht, wenn die Haare gewaschen und gekämmt sind«, meinte Caroline. »Ehrlich gesagt, wirst du viel zu edel aussehen für einen Gemeindesaal im Bergischen Land. Hoffentlich wissen das die Bauernsänger dort zu schätzen.«

»Bald werde ich's wissen. Am Freitag ist die erste gemeinsame Probe. Danach Dienstag Orchesterprobe, Hauptprobe Mittwoch, Generalprobe Donnerstag – und dann ist auch der große Tag schon gekommen!« Matilda lachte glucksend. »Ich kann meine Partie so gut, daß selbst der alte Tobias nicht mehr aus dem Staunen herauskommt. So gut, daß ich mich echt auf die verdammte Aufführung freue. Ich habe zehn Freikarten bekommen, was sehr großzügig ist, wie Professor Tobias mir versichert hat. Die Herrenhausener sind sonst geizig mit den Karten, weil alle beiden Aufführungen bereits ausverkauft sind. Man hat schon eine bedeutend engere Bestuhlung beschlossen, durch die sich fünfzig zusätzliche

Plätze schaffen lassen. Dabei weiß ich gar nicht, wem ich die zehn Karten geben soll.«

»Wir beide bekommen je eine«, sagte Caroline. »Über die anderen würde sich deine Schwester sicher freuen, ebenso dein Vater und deine Familie überhaupt.«

»Selbst wenn die alle anrücken, sind immer noch drei Karten übrig. Ollie und Benedikt sind ausgerechnet an diesem Wochenende bei Ollies Großeltern. Achtzigster Geburtstag, eine Riesenfamilienfeier. Stellt euch vor, die haben Ollie und seine *Freundin* eingeladen. Ollie sagt, sie wollen einfach nicht wahrhaben, daß er schwul ist. Deshalb ist Opas Achtzigster wohl als großes *Coming out* gedacht.«

»Eine Karte kannst du mir noch geben«, meinte Franziska. »Ich werde Cornelius fragen, ob er mit mir hingeht. Obwohl er mir bei unserer letzten Begegnung fast das Herz gebrochen hätte.«

»Du darfst nicht so schnell aufgeben«, ermutigte sie Caroline. »Meiner Meinung nach versucht er nur, dich eifersüchtig zu machen. Er genießt es, daß du leidest. Unterbewußt natürlich nur. Bewußt würde er so was nie tun.«

»Wenn er mit nach Herrenhausen kommt, werde ich vielleicht mit der Wahrheit rausrücken«, erklärte Franziska. »Ich werde ihm eine richtige altmodische Liebeserklärung machen, und sagen: ›Take it – or leave it.‹ Denn lange halte ich das nicht mehr aus. Lieber soll er mir dann sagen, daß er mich nicht haben will, als daß ich noch monatelang zwischen Hoffen und Bangen hin- und hergerissen bin.«

»Bleiben noch zwei Karten«, schloß Matilda. »Wenn die Herrenhausener so wild darauf sind, können wir die vor der Halle einfach unter der Hand verscherbeln. Zu Schwarzmarktpreisen, versteht sich.«

»Das ist eine gute Idee«, fand Franziska. Sie waren wieder mal ziemlich knapp bei Kasse, besonders Franziska. In letzter Zeit hatten sie zu viel Geld in eigentlich unwichtige Dinge gesteckt: Kosmetikerin, Friseur, eine teure Augencreme, neue Klamotten – wenn das am Ende alles für die Katz' war, würde sie sich grün und blau ärgern.

22

Weder bei der Orchesterprobe noch bei Haupt- und Generalprobe war Marius Dorfmann zugegen. Matilda, die sich im Grunde vor einem Wiedersehen fürchtete, war insgeheim erleichtert. Wenn er sich noch an ihre peinliche Anmache im Copy-Shop erinnerte, wollte sie ihm lieber erst nach dem Konzert begegnen. Dann hatte er wenigstens gesehen, was sie sonst noch konnte.

Die Herrenhausener nahmen sie sehr freundlich auf, schon bevor sie den ersten Ton gesungen hatte. Ohne die vielen Ohrstecker und ohne Ollies schrille Klamotten, statt dessen mit intakten Jeans und dunkelgrauem Rollkragenpullover sah sie fast aus wie ein richtig braves Mädchen.

Der Bürgermeister, der nicht nur im Chor mitsang und den Solotenorpart übernommen hatte, sondern auch alle organisatorischen Aufgaben managte, stellte sie den Mitwirkenden als vielversprechende junge Solistin vor, die für das Vorhaben gewonnen zu haben ihn mit großem Stolz erfülle.

Matilda genierte sich ein bißchen. Die Worte des Bürgermeisters waren so gewählt, daß man denken mußte, er habe keine Kosten und Mühen gespart, um die beste und berühmteste Sopranistin der Welt einzukaufen. Allerdings waren die Herrenhausener auch nicht knickrig. Für ihren Auftritt an zwei Abenden bekam Matilda immerhin fünfhundert Mark plus Spesen. Das war für Christiane Wecker, die ihre Partie ursprünglich hätte übernehmen sollen, vielleicht kein großes Honorar, aber für Matilda eine nette Aufbesserung des Taschengeldes. Dafür wollte sie auch ihr Bestes geben.

Sie sang schon in den Proben so gut, daß sie nicht nur bei den männlichen Orchester- und Chormitgliedern in hoher Gunst stand, sondern auch bei den weiblichen. Eine ältere Dame im Alt brachte ihre Interpretation von *Stetit puella* sogar zum Weinen.

»Wunderschön«, rief sie aus und tupfte sich mit einem Taschentuch die Tränen aus den Augenwinkeln. »Kommen Sie doch nachher zum Abendessen mit zu uns nach Hause. Mein Mann und ich würden uns sehr freuen. Und mein Sohn, der Jens, ist auch zu Hause. Er ist dreiundzwanzig, ein überaus netter Kerl. Ich wünschte, er könnte Sie kennenlernen.«

Matilda war echt überrascht. Nur ein paar Ohrringe weniger, ein züchtiger Pullover und eine Jeans ohne Löcher, und schon war man der Schwiegermuttertyp? Ihr kam das Grauen. Sie würde noch völlig versumpfen, wenn das so weiterging. Und das alles nur wegen dieses arroganten, hakennasigen Kerls. Aber das war ja nur ein vorübergehendes Rollenspiel als braves Mädchen von nebenan, und weil es nur von kurzer Dauer war, eigentlich ganz witzig. Sie lächelte die gerührte Dame freundlich an.

»Ich muß früh schlafen gehen«, erklärte sie ernsthaft. »Aber es war sehr nett, daß Sie mich eingeladen haben.«

»Wie schade«, meinte die Dame enttäuscht, aber deshalb hatte sie Matilda nicht weniger in ihr Herz geschlossen, genausosehr wie alle anderen Herrenhausener. Zur Generalprobe kam sogar Professor Tobias. Er stand ganz hinten im Gemeindesaal und hörte mit ernstem Gesicht zu.

»Wie war ich?« fragte Matilda anschließend.

»Gar nicht mal übel«, sagte Professor Tobias. »Wenn Sie morgen genauso singen, können Sie zufrieden sein.«

Matilda lächelte. Aus Professor Tobias' Mund war das ein dickes Lob, auch wenn es nicht so klang. Sie war ganz einfach gut, vermutlich besser als die Wecker an ihrer Stelle gewesen wäre. Dieser Marius Hakennase würde, wenn schon nicht von ihrem Äußeren, so doch von ihrem Gesang völlig hingerissen sein. In seiner Besprechung würde er in Superlativen schwelgen müssen, und unmittelbar nach Erscheinen des Artikels stünden die Intendanten der Opernhäuser bereits Schlange, um sie, Matilda, zu engagieren.

»Kommen Sie morgen abend auch?« fragte sie den alten Professor.

»Wo denken Sie hin?« fragte der empört. »Ich habe mich heute nachmittag hierheraus verirrt, um sicherzugehen, den Herrenhausenern kein Kuckucksei ins Nest gelegt zu haben, aber das Ganze noch mal anhören muß ich mir deshalb wirklich nicht.«

Matilda zuckte die Achseln. »Sie verpassen, mich im schwarzen Kleid zu sehen«, sagte sie. »So wie heute und morgen werde ich mich nämlich so schnell nicht wieder verkleiden.«

»Mir ist es völlig egal, wie Sie aussehen«, knurrte der Professor. »Hauptsache, Sie singen gut.«

»Das werde ich«, versprach Matilda selbstbewußt. Aber Lampenfieber hatte sie deshalb trotzdem.

Am Morgen ihres großen Tages trieb sie ihre Mitbewohnerinnen damit auf die Palme. Aufgeregt stürzte sie in aller Herrgottsfrühe in Franziskas Zimmer und fuchtelte mit den Armen wie ein Ventilator.

»Ich habe keine Strümpfe zu diesem Kleid«, schrie sie.

Franziska rieb sich die Augen. »Matilda, es ist noch keine sieben, kannst du nicht noch ein bißchen schlafen?«

»Nein, das kann ich nicht«, schrie Matilda. »Mir ist eben eingefallen, daß ich keine schwarzen Strümpfe habe, wenn man von der Netzstrumpfhose mal absieht.«

»Ich habe gerade so was Schönes geträumt«, beschwerte sich Franziska. »Du platzt mitten in einen romantischen Kuß. Corni und ich schwebten auf einer Wolke, und unter uns schneite es dieser Jenny direkt auf den Kopf.«

»Was mach' ich nur? Ich kann doch schlecht ohne Strümpfe gehen?«

Franziska setzte sich auf. »Hör mal, Matilda, bist du so blöd, oder tust du nur so? Heute ist Freitag, da kannst du ganze Bündel schwarzer Strümpfe kaufen, warum regst du dich so auf?«

»Freitag? Ach ja, das ist wunderbar«, gab sich Matilda erleichtert. »Danke, Franziska, das beruhigt mich ungemein.«

»Und jetzt hau ab und laß mich schlafen«, verlangte Franziska. »Für mich ist das heute auch ein wichtiger Tag. Ich habe vor, Cornelius eine Liebeserklärung zu machen, und ganz gleich, was er dazu sagt, ich möchte gut dabei aussehen!«

Glücklicherweise hatte Cornelius Zeit gehabt.

»Aber ich habe nur diese eine Karte«, hatte Franziska gesagt, »und alle anderen Plätze sind ausverkauft.«

»Du meinst, Jenny muß zu Hause bleiben?« hatte Cornelius scharfsinnig erwidert.

»Ja. Hättest du damit ein Problem?«

»Als wir noch zusammen waren, habe ich schließlich auch mal was ohne dich unternommen, oder?«

Ja, aber niemals mit so einer wahnsinnig aufregenden Frau, wie ich eine bin, hatte Franziska gedacht. Jetzt drehte sie sich seufzend auf die Seite. Sie hatte wenig Hoffnung, noch einmal so einen schönen Traum zu träumen wie den, den Matilda ihr verpatzt hatte. Kaum war sie wieder eingenickt, riß Matilda erneut die Tür auf.

»Franziska«, schrie sie, »weißt du, wie kalt es ist? Minus ein Grad! Und ich habe nichts, was ich über das dünne Kleid ziehen kann.«

»Die werden in Herrenhausen doch wohl eine Heizung haben«, murmelte Franziska. »Du brauchst dich ja erst da umzuziehen.«

»Ja, aber das weiß ich auch«, entgegnete Matilda ungeduldig. »Aber hinterher, also nach dem Konzert, kann ich doch unmöglich einen orangenfarbenen Anorak über das Kleid ziehen, wenn ich mit Marius essen gehe.«

»Du gehst mit Marius essen?« Franziska setzte sich wieder auf. »Aber das weißt du doch gar nicht.«

»Nicht definitiv«, gab Matilda zu. »Aber höchstwahrscheinlich ist es schon. Ein orangenfarbener Anorak oder ein dunkelblauer Mantel, aus dem ein halber Meter schwarzer Taft herausragt – damit kann ich doch nicht zum Rendezvous meines Lebens gehen.«

»Ach, Matilda, das sind doch ungelegte Eier! Außerdem hast du einen echten Hau weg. Ich kann dir meinen schwarzen Mantel leihen, da kommt das Kleid zwar auch noch unten raus, aber der ist wenigstens schwarz, das beißt sich nicht. Und jetzt mach, daß du wegkommst, ich möchte *schlafen*!«

»Franziska?«

»Geh, oder ich überlege es mir anders! Ich ziehe mein feines grünes Kleid an, damit du dich nicht für mich schämen mußt, und dir zuliebe trage ich dazu deinen orangenfarbenen Anorak – die Wirkung kannst du dir ja ausmalen!« Glücklicherweise würde Cornelius das nicht stören. Im Gegenteil – der rein praktische Nutzen eines Anoraks würde ihn sogar beeindrucken. Franziska überlegte, wie er wohl auf ihre Eröffnung reagierte. Im Grunde ihres Herzens war sie fast davon überzeugt, daß er sie immer noch liebte. Vielleicht würde er sich ein bißchen zieren, von wegen verlorenes Vertrauen und so weiter, aber diese Jenny gehörte bereits der Vergangenheit an.

Auf der anderen Seite bestand die vage Möglichkeit, daß er sich tatsächlich in sie verliebt hatte und Franziska nur noch als einen guten Kumpel betrachtete. In diesem Fall würde ihr heute nacht das Herz brechen, soviel stand fest. Franziska mußte noch einmal an Carolines Worte von neulich denken, von wegen, Cornelius sei ihre Ballerina-Barbie, und sie wollte ihn nur, weil eine andere Spaß an ihm hatte. Ein bißchen was Wahres war da vielleicht dran, aber letztendlich war es doch egal, warum sie ihn zurückhaben wollte. Diesmal würde sie ihn auf jeden Fall nicht mehr aus den Krallen lassen.

Nach dem Konzert würde sie es so deichseln, daß sie mir Cornelius im Auto nach Hause fahren mußte. Auf der langen, kurvigen Strecke würde sie ihm dann ganz vorsichtig beibringen, wie sehr sie ihn doch geliebt hatte und noch liebte. Dann würde er, im besten Falle, an den

Straßenrand fahren, sie in seine Arme nehmen und küssen, unter dem funkelnden Sternenhimmel. Franziska seufzte wohlig.

»Draußen schneit's!« schrie Matilda, die erneut ins Zimmer gestürmt war. »Ich werde gar nicht bis nach Herrenhausen durchkommen!«

Franziska erhob sich zähneknirschend und ging ans Fenster. Draußen hingen die Wolken wie Blei über der Stadt, es war ein kalter und ausgesprochen ungemütlicher Tag. Aber Schnee sah sie keinen.

»Wo schneit es denn, du Nervensäge?« fragte sie.

»Jetzt nicht mehr«, erwiderte Matilda. »Aber eben habe ich eindeutig eine Schneeflocke gesehen!«

»Das war vermutlich Taubenkacke«, sagte Franziska. »Du kannst einen völlig fertigmachen, weißt du das?«

»Ich *bin* völlig fertig«, seufzte Matilda. »Ehrlich. Ich war noch nie in meinem Leben so aufgeregt. Und das für ein Konzert in so einem Provinznest. Könnte mich doch völlig cool lassen.«

»Und mich erst recht«, erwiderte Franziska. »Geh jetzt in dein Bett und zieh dir die Decke über den Kopf. Oder mach Frühstück für uns alle. Aber wage es nicht, mich zu rufen, bevor nicht alles fertig ist, einschließlich Rühreier mit Speck.«

Matilda verkrümelte sich in die Küche. Franziska zählte bis zehn, und als sich bis dahin nichts gerührt hatte, kroch sie wieder unter die Decke. Der Raum war empfindlich kalt, obwohl der Ofen bullerte. In dieser Jahreszeit mußten sich die Mädchen in der Wohnung fast genauso warm anziehen wie draußen. Aber immerhin regnete es nicht durch die Decke.

»Jetzt hast du's aber. Eine Katastrophe«, brüllte Matilda aus der Küche. »Im Radio haben sie auch Schnee angesagt!«

»Weißt du was?« schrie Franziska zurück. »Du würdest uns allen und dir selber einen großen Gefallen tun, wenn du schon jetzt mit Sack und Pack nach Herrenhausen fahren würdest. Und jetzt *Schnauze*, oder du singst heute abend ohne Zähne!«

Der Himmel sah tatsächlich nach Schnee aus, aber von den heftigen Schneefällen bis in die tieferen Lagen, die der Wettermann angekündigt hatte, war keine Spur zu sehen.

Franziska, Matilda und Caroline fuhren in Carolines kleinem Auto schon am frühen Nachmittag hinaus nach Herrenhausen. Während Matilda sich umzog und einsang und ihr Lampenfieber durch Gespräche mit den anderen Mitwirkenden noch ein bißchen steigerte, wurden Franziska und Caroline mit Kaffee und Kuchen von freundlichen Herrenhausenern verwöhnt, die sich geradezu überschlugen, den netten Freundinnen der liebreizenden Sopranistin einen Gefallen zu erweisen.

Je näher der große Augenblick rückte, desto nervöser und zappeliger wurde Matilda. Sie zerriß Franziskas gute Perlenkette, und der ganze Chor lag auf dem Boden, um die winzigen Perlen wieder einzusammeln.

»Sicher sind es jetzt mehr als vorher«, meinte Matilda, als sie die schimmernden Kostbarkeiten in Franziskas Hand legte. »Aber ich habe jetzt einen ganz nackten Hals!«

Franziska füllte die Perlen vorsichtig in ihre Handtasche. »Den nackten Hals werde ich dir morgen umdrehen«, drohte sie, aber Matilda hörte gar nicht hin.

Sie packte ihre Cousine am Arm und flüsterte: »Daaaaaa! Er ist gekommen!«

»Wer? Marius Doofmann?« Caroline reckte neugierig den Hals.

»Dorfmann«, verbesserte Matilda. »Sieht er nicht wunderbar aus?«

»Eine Rübennase hat er«, sagte Franziska.

»Und uralt ist er«, ergänzte Caroline. »Aber sonst gar nicht so übel.«

»Ich glaube, ich werde ohnmächtig«, sagte Matilda.

»Das hättest du wohl gerne. Reiß dich zusammen.«

»Wie sehe ich aus?«

»Gut«, erwiderte Franziska knapp.

»Du siehst wunderschön aus«, meinte Caroline. »Wirklich, wie eine Diva.«

Allmählich füllte sich der Gemeindesaal, und schon eine Viertelstunde vor Beginn war auch der letzte Platz besetzt.

Cornelius saß neben Caroline und Franziska in der vierten Reihe. »Superplätze«, raunte er den beiden zu. »Von hier können wir den Chorsängern direkt auf die Mandeln schauen.«

Franziska sah ihn verliebt von der Seite an und sagte nichts.

Ob er wußte, was ihm bevorstand?

Marius Dorfmann saß in der ersten Reihe, direkt neben der Gattin des Bürgermeisters und deren kleinem Sohn, die einzigen der Familie, die nicht aktiv am Konzert mitwirkten.

»Die Sopranistin ist ganz reizend«, flüsterte die Bürgermeistersgattin Marius zu. »Wirklich ganz reizend. Da haben Sie für wunderbaren Ersatz gesorgt. Unsere Christiane ist immer noch nicht auf dem Damm.«

Die Sopranistin saß auf einem Stühlchen zwischen

Chor und Orchester neben dem Bürgermeister in Frack und Fliege und sah in der Tat ganz reizend aus. Irgendwie kam sie Marius bekannt vor, aber das mußte daran liegen, daß er sie damals bei Professor Tobias auf dem Flur gesehen hatte. Ein wirklich schönes Mädchen mit langem Hals und kurzgeschnittenen schwarzen Locken, die im Scheinwerferlicht glänzten. Wenn sie so gut sang, wie sie aussah, würde die Aufführung vielleicht ein kleines bißchen weniger unprofessionell ausfallen.

Entspannt lehnte Dorfmann sich zurück. Notizen machte er sich keine, er würde der Redaktion gleich anschließend den üblichen Standardschmus telefonisch durchgeben, von wegen gelungener Interpretation, wunderbar einstudierten Chorgesangs und sehr gut aufeinander abgestimmter Instrumentalisten, ein Festtag für die Gemeinde Herrenhausen im ausverkaufen Gemeindesaal – et cetera bla bla bla. Und im Grunde war das nicht gelogen.

Daß es nur halb so wunderbar klang, merkte sowieso niemand außer ihm, alle anderen waren hellauf begeistert von der mitreißenden Musik. Erst recht, als Matilda ihr erstes Solo hatte. Obwohl ihre Knie beinahe nachgaben, machte sie ihre Sache sehr gut.

Die Frau des Bürgermeisters griff ganz begeistert nach Marius' Hand. »So eine Begabung, wirklich«, hauchte sie, und Marius konnte nicht umhin, zustimmend zu nicken. Die war wirklich gut, diese äh – er suchte im Programmheft nach ihrem Namen – Matilda. Mit ihr im Duett sangen selbst die rotznasigen Knaben des Herrenhausener Kinderchors geradezu auf Domchorniveau.

Beim zweiten Solo war Matilda noch besser. Marius registrierte es anerkennend, und er war kaum mehr erstaunt, als sie bei der Kraftprobe mit den turmhohen Tönen des *Dulcissime* eindeutig als Siegerin hervorging.

Ohne Zweifel, hier draußen in Herrenhausen hatte ein neuer Star das Bühnenlicht erblickt. Oder zumindest ein neues Sternchen. Dorfmann beschloß, eben dies lobend in seinem Artikel zu erwähnen.

Nach dem Schlußchor brachen die Herrenhausener in frenetischen Beifall aus, sie erhoben sich von den Stühlen, trampelten mit den Füßen und schrien laut bravo! Standing ovations, würde Dorfmann der Redaktion durchgeben, aber typisch für eine Aufführung in einem Gemeindesaal in der Provinz gaben Chor und Orchester eine Zugabe, die wieder mit begeistertem, lang anhaltendem Beifall belohnt wurde. Anschließend bekamen Dirigent und Solisten Blumensträuße von der Bürgermeisterin überreicht.

Matildas Strauß bestand aus einer Unmenge gelber Rosen, und Caroline in der vierten Reihe überlegte, in welchen Behältnissen sie diese Pracht zu Hause unterbringen konnten. Da sie keine Blumenvasen besaßen, schon gar keine mit solch einem Fassungsvermögen, würde wohl kaum ein anderer Platz als die Badewanne in Frage kommen.

Caroline, Franziska und sogar Cornelius waren sehr stolz auf Matilda. Wie sie dort stand, war sie so reizend anzusehen in ihrem schwarzen Kleid und völlig intakten schwarzen Strümpfen, frisch geputzten schwarzen Schuhen und mit ihrem glänzenden schwarzen Haar. Sie lächelte strahlend und verneigte sich anmutig wie eine Prinzessin. Caroline bereute, das denkwürdige Ereignis nicht mit der Videokamera festgehalten zu haben. Aber sicher konnte man das Band eines der unzähligen Amateurfotografen kopieren, wenn Matilda das Bedürfnis verspürte, sich einmal als perfekte Dame zu bewundern.

Allmählich verebbte der Applaus, der Chor marschierte von der Bühne, und die Zuschauer wandten sich dem Ausgang zu.

Draußen erwartete sie eine Überraschung. Der angekündigte Schneefall hatte eingesetzt, und zwar mit die Prognosen der Wettervorhersage weit übertreffender Heftigkeit. In den anderthalb Stunden, die das Konzert gedauert hatte, waren die Autos auf dem Parkplatz vollständig in eine weiße Decke gehüllt worden, die Straßen waren ebenfalls weiß, und der Schnee fiel so dicht, daß man kaum weiter als zehn Meter gucken konnte.

Den Herrenhausenern machte der plötzliche Wintereinbruch offenbar nichts aus. Sie kratzten die Windschutzscheiben ihrer Autos frei und machten sich fröhlich auf den Heimweg. Die Glücklichen hatten es ja nicht weit. Die meisten wohnten gleich um die Ecke. Aber Franziska, Matilda, Caroline und Cornelius hatten noch eine halbe Weltreise vor sich.

»Ach du Scheiße«, rief Caroline. »Und ich habe noch Sommerreifen drauf.«

»Ich auch«, sagte Cornelius. »Ich hatte eigentlich auch nicht vor, das zu ändern. Bei den verregneten Wintern in unseren Breitengraden.«

Franziska streckte die Zunge aus und fing den Schnee damit auf. »Richtig echter Schnee! Und wie hübsch er aussieht, auf den Dächern all dieser schnuckeligen Häuser hier.«

Caroline klappte ihren Mantelkragen hoch. »In all den schnuckligen, kleinen Häusern hier ist es mucklig warm, die Mütter bringen ihre Kinderlein ins Bett und erzählen ihnen eine Wintergeschichte. Ich wünschte, ich würde hier wohnen.«

»So weit geht meine Begeisterung nun auch wieder nicht«, meinte Franziska. »Ein mucklig warmes Bett in der Stadt würde ich vorziehen.«

Caroline starrte in das Schneegestöber. »Hoffentlich kommt Matilda bald. Sonst bleiben wir noch im Schnee stecken. Hier sieht's ja aus wie am Nordpol.«

Franziska klapperte zustimmend mit den Zähnen. Cornelius sah auf ihre dünnen, lederbesohlten Schuhe, in denen seidenbestrumpfte Füße steckten, und runzelte die Stirn.

»Du bist auch nicht gerade für diese Temperaturen angezogen«, sagte er tadelnd. »Du wirst dich erkälten.«

Caroline fand seine Besorgnis wie immer rührend. Sie blickte ebenfalls an Franziska hinab und nickte. »Weißt du was, Cornelius? Du könntest mit Franziska schon mal vorfahren und sie nach Hause bringen. Sie hustet sowieso schon seit ein paar Tagen, da muß sie sich jetzt nicht noch eine Lungenentzündung holen.«

Cornelius war natürlich einverstanden, besonders als er das Wort Lungenentzündung hörte. Er begann, seine Windschutzscheibe von Schnee und Eis zu befreien.

Franziska umarmte Caroline. »Drück mir die Daumen«, flüsterte sie. »Und fahr bloß vorsichtig mit deinen Sommerreifen.«

»Viel Glück«, wisperte Caroline. Skeptisch blickte sie Cornelius' Auto hinterher, wie es langsam um die nächste Ecke schlidderte. Hoffentlich wurde nichts aus Matildas Tête-à-tête mit Marius. Sosehr sie ihr das auch gegönnt hätte, aber die Vorstellung, sich ganz allein durch diese Schneewüste auf den Heimweg machen zu müssen, erfüllte sie mit Angst. Sie hatte den Führerschein noch nicht so lange, und im Schnee war sie sowieso noch niemals gefahren. Außerdem waren die Straßen hier höllisch kurvig, bergauf, bergab durch die einsamen Täler.

Nein, in diesem Fall mußte Matildas privates Glück hintanstehen.

23

Aber Matilda dachte gar nicht daran, sich vom Wetter oder der ängstlichen Caroline einen Strich durch die Rechnung machen zu lassen. Nicht jetzt, wo endlich alles genauso lief, wie sie es immer gewollt hatte.

Der einmalig grünäugige und hakennasige Marius wartete am Ausgang, als sie mit Franziskas Mantel über dem Kleid und den gelben Rosen im Arm heraustrat. Na ja, vielleicht wartete er nicht wirklich auf sie, immerhin waren der Bürgermeister und seine Frau in ihrer Begleitung, aber er war derjenige, der das Wort an sie richtete.

»Marius Dorfmann«, sagte er. »Vielleicht erinnern Sie sich. Wir haben uns bei Professor Tobias kurz gesehen.«

Matilda lächelte verhalten.

»Matilda Sommer«, sagte sie höflich. »Ich glaube, ich erinnere mich an Sie.« Aber du dich besser nicht, setzte sie in Gedanken hinzu. Hoffentlich ist dir die aufdringliche Person im orangeroten Anorak nicht mehr im Gedächtnis, die so blöde war und ein Buch über die Wechseljahre kopiert hat, nur um dich anzubaggern.

Glücklicherweise schien Marius diese Person nicht mit ihr in Verbindung zu bringen. Er plauderte ein paar Sätze mit dem Bürgermeister, und als der und seine Familie sich mit wiederholtem Händedruck und nochmaligen Dankesbekundungen von Matilda und ihm verabschiedet hatten, fragte Marius sie, ob sie nicht Lust habe, noch einen Happen mit ihm zu essen.

»Gleich gegenüber ist ein nettes Restaurant«, sagte er. »Von dort würde ich die Redaktion anrufen und meinen Artikel durchgeben, und wir könnten zusammen ein ordentliches Steak essen und ein wenig fachsimpeln. Ich würde Sie gerne einladen.«

Matilda lächelte wieder. »Das wäre wirklich sehr nett«, sagte sie. »Nur bin ich dummerweise mit einer Freundin gekommen und nicht selbst motorisiert.« Motorisiert! Was für bescheuerte, spießige Worte einem einfallen, wenn man so ein spießiges Kleid trägt, dachte sie. »Also muß ich Ihre Einladung ablehnen, so leid es mir tut.«

Marius tat das auch leid. »Aber kann Ihre Freundin denn nicht ohne Sie nach Hause fahren?« fragte er. »Wenn Sie in Köln wohnen, kann ich Sie doch anschließend nach Hause bringen.«

»Oh«, machte Matilda und versuchte, nicht allzu erfreut auszusehen. »Das würde natürlich gehen. Wenn es Ihnen nicht zu viel Mühe macht?«

»Aber nein, überhaupt nicht. Es wäre mir ein Vergnügen.«

Matilda frohlockte. Aber das Halleluja blieb ihr im Hals stecken, als sie Caroline mit finsterer Miene am Auto lehnend vorfand, die Kapuze schon leicht eingeschneit.

»Du mußt ohne mich fahren«, zischte sie. »Der Wahnsinnstyp will mich zum Essen einladen und anschließend nach Hause bringen.«

»Das geht aber nicht«, knurrte Caroline. »Niemals schaffe ich den Heimweg allein. Sieh doch, wie das schneit!«

»Mir egal«, erwiderte Matilda. »Sieh du doch, wie gut der aussieht.«

»Franziska hat recht, er ist eine Rübennase«, sagte Caroline. »Komm mit mir, sonst hast du morgen eine Freundin weniger.«

»Aber, Caroline, siehst du denn nicht ein, daß das meine Chance ist? Du bist eine Egoistin!«

»Ich? Spinnst du? Wer läßt denn hier wen mutterseelenallein am A . . . der Welt erfrieren, du oder ich?«

»Bitte, bitte, jetzt mach kein Theater«, flehte Matilda und warf einen Blick hinter sich auf Marius, der erneut in ein Gespräch mit dem Bürgermeister verwickelt war. Der Gemeindevorsteher hatte noch die Halle abgeschlossen und das Licht gelöscht. »Bitte, bitte fahr ohne mich heim.«

Caroline starrte in den Himmel hinauf. Der Schneefall wollte und wollte kein Ende nehmen. Das weiße Teufelszeug hatte schon alles dick zugedeckt, man konnte nur noch raten, was sich darunter befand. »Hier kommt man nur noch mit dem Schlitten durch«, sagte sie.

»Da haben Sie recht«, meinte der Bürgermeister. »Heute nacht kommen Sie nicht mehr nach Hause. Das ist zu gefährlich.«

Caroline biß sich bestürzt auf die Lippe.

»Sie könnten alle drei bei uns übernachten«, schlug die Bürgermeisterin spontan vor. »Wir haben Platz genug.«

»Das wäre eine wunderbare Idee, soweit es meine Freundin betrifft«, sagte Matilda schnell. »Aber für mich ist das nicht die richtige Lösung. Ich muß spätestens morgen früh in Köln sein, weil – äh – weil meine Katze sonst verhungert.«

»Wir essen erst einen Happen, dann sehen wir, daß wir uns da durchschlagen«, meinte Marius. »Ich habe einen Range Rover, Vierradantrieb, damit kommt man überallhin.«

Die Bürgermeisterin wandte sich an Caroline: »Aber Sie werden doch mit uns kommen. Sie sehen schon ganz verfroren aus. Eine Rückfahrt bei diesen Witterungsverhältnissen wäre der pure Leichtsinn.«

»Also, wenn ich wirklich bei Ihnen bleiben dürfte«, stotterte Caroline und warf Matilda einen bitterbösen Blick zu. »Das wäre in der Tat meine Rettung. Ich kann nämlich nicht besonders gut Auto fahren.«

Die Bürgermeisterin und ihr Mann nahmen Caroline in ihre Mitte. Matilda sah ihr mit schlechtem Gewissen hinterher. Aber eigentlich gab es dafür keinen Grund. Bürgermeisters waren sicher keine Mädchenschänder, Caroline würde warm und weich übernachten, und morgen früh im Hellen war der Schnee bestimmt schon wieder weggetaut.

Fröhlich lächelte sie Marius an. Der lächelte zurück und bot ihr einen Arm, um sie sicher über die glatte Straße zu geleiten. Ganz perfekte Dame, wie sie an diesem Abend nun mal war, legte Matilda ihre Hand auf seinen Jackenärmel und trippelte neben ihm her, die herrlichen Rosen immer noch in der anderen Hand tragend.

Was für ein Abend!

24

Franziska betrachtete Cornelius von der Seite. Er sah gut aus, stellte sie zum wiederholten Mal fest. Wie hatte sie ihn nur gehen lassen und einer anderen überlassen können? Es drängte sie danach, ihm zu sagen, wie sehr sie ihn doch liebte.

»Corni?«

»Verfluchter Schnee«, knurrte Cornelius. »Wir schlingern hin und her wie ein Schiff auf See. Wenn ich schneller fahre, landen wir im Graben; wenn ich langsamer fahre, bleiben wir stecken. Der Schnee liegt mindestens zehn Zentimeter hoch. Außerdem kann ich nichts sehen!«

Franziska schaute aus dem Fenster. Gerade fuhren sie durch ein kleines Dorf mit hübschen Fachwerkhäusern und einem hellerleuchteten Gasthaus an der Dorfstraße.

»Wir könnten eine Pause machen«, schlug sie vor. So eine Eröffnung machte sich doch besser bei einem Glas Glühwein oder ähnlichem.

»Nein«, widersprach Cornelius. »Sonst kommen wir überhaupt nicht mehr nach Hause.«

Mühsam kroch der Wagen die Serpentinen des nächsten Hanges hinauf. Der Schnee schien hier noch höher zu liegen als in den Tälern. Die Sommerreifen hatten ernsthafte Probleme.

»Verflucht«, schimpfte Cornelius. »Noch mehr Steigung. Ich glaube, das packt er nicht mehr.«

In der Tat, der Wagen streikte. Zuerst drehten die Räder durch, und das Auto stellte sich beinahe quer zur Straße. Dann begann es mit durchdrehenden Reifen rückwärts zu rutschen, in die Böschung hinein.

Franziska quiekte überrascht auf. »Werden wir jetzt abstürzen?«

Der Wagen blieb aber glücklicherweise mit der Stoßstange an einem Telegrafenmast stehen.

»Scheiße«, sagte Cornelius. »Hier kommen wir nicht mehr weg.«

Franziska starrte auf die gefährlich verschlungenen Reifenspuren im Schnee. »Sieht ganz so aus«, seufzte sie.

»Wenigstens steht das Auto nicht auf der Fahrbahn«, meinte Cornelius. »Der Schneeräumer wird durchkommen.« Er drehte den Zündschlüssel um, der Motor verstummte.

Kaum war das Scheinwerferlicht ausgeschaltet, wurde es stockdunkel um sie herum. Nicht mal den Schnee sah man mehr fallen.

»Bleiben wir einfach im Auto, bis es hell wird«, schlug Franziska vor und wickelte sich in Matildas Anorak.

»Das geht nicht. Wir würden erfrieren. Auf der Straße sind es bis zu diesem Gasthaus, das wir vorhin gesehen haben, keine zwei Kilometer. Das müßten wir eigentlich schaffen.«

Franziska starrte widerwillig in die totale Finsternis. »Aber wir sehen doch nichts!« Romantischer wäre es in jedem Fall, die Nacht im Auto zu überstehen. Im eingeschneiten Wagen, eng aneinandergekuschelt, um nicht zu erfrieren, wäre auch Zeit genug für intime Geständnisse.

»O doch«, sagte Cornelius. Triumphierend hielt er eine

Taschenlampe in die Höhe. »Siehst du? Damit kommen wir spielend ins Tal.«

Franziska seufzte. Cornelius hatte einfach kein Gespür für romantische Situationen. Wahrscheinlich würde er aus dem Dorf den ADAC anrufen, und sie war noch vor ein Uhr in ihrem eigenen Bett.

Der Weg war sehr beschwerlich. Vor allem, weil Franziska mit ihren Schuhen nur winzige Schrittchen machen konnte. Abwechselnd rutschte sie aus oder blieb mit dem Absatz im Schnee stecken. In Minutenschnelle waren ihre Füße völlig durchnäßt. Der geschmolzene Schnee fror an ihren Seidenstrümpfen fest, was kein angenehmes Gefühl war. Cornelius hatte ihren Arm gepackt und beleuchtete den verschneiten Weg, so gut es ging.

Sie kamen nicht besonders schnell vorwärts, und Franziska fürchtete, auf diese Weise eher zu erfrieren, als das im Auto der Fall gewesen wäre. Immerhin würde sie an Cornelius' Hand sterben.

Mühsam schlitterte sie die Serpentinen abwärts. Der Schnee hatte mittlerweile sogar seinen Weg in ihren Nakken gefunden, von wo er als Eiswasser den Rücken hinabrann. Es war Zeit, von Cornelius ein wenig Mitgefühl zu erhalten.

»Meine Füße sind erfroren«, sagte sie. »Sicher fallen sie gleich ab.«

Cornelius blieb stehen und leuchtete ihre Schuhe an. »Es ist nicht mehr weit«, sagte er. »Halt einfach noch ein bißchen durch.«

»Ich kann aber nicht mehr«, klagte Franziska. »Tu irgendwas, was mich davon abhält, mich auf der Stelle in den Schnee zu werfen und zu sterben.«

Cornelius leuchtete in ihr Gesicht. Franziska schloß geblendet ihre Augen. Sie öffnete sie erst wieder, als sie Cornelius' Lippen auf ihrem Mund spürte.

»Und jetzt weiter«, befahl Cornelius. »Denk einfach an eine warme Badewanne.«

Franziska stolperte hinter ihm her. Sein Kuß hatte sie tatsächlich bis in die Zehenspitzen gewärmt und den Wunsch nach mehr geweckt.

Allerdings nicht hier draußen. Ein warmes Bett in einem verträumten Landgasthof wäre da schon besser. Träumend lief Franziska gegen einen Baum.

»Verzeihung«, sagte Cornelius. Er hatte mit der Taschenlampe in die andere Richtung geleuchtet.

»Wir haben uns verlaufen«, jammerte Franziska.

»Aber nein! Habe ich dir schon gesagt, daß ich in meiner Jugend Jungwolf bei den Pfadfindern war?«

»Licht!« schrie Franziska, und tatsächlich war vor ihnen eine Straßenlaterne aufgetaucht, die ein gelbes Ortsschild beleuchtete. »Wir sind gerettet!«

Glücklich fiel sie Cornelius um den Hals.

25

In der Zwischenzeit saß Matilda im Herrenhausener Hof, aß Seezunge nach Luisenart und fand den Abend gar nicht mehr so wunderbar.

Marius Dorfmann gegenüber, eine Forelle Müllerin vor sich, betrachtete sie wohlwollend. »Über den Artikel werden Sie sich freuen«, sagte er. »Ich habe Sie in den höchsten Tönen gelobt.«

»Danke«, erwiderte Matilda artig.

»Nein, das haben Sie sich selber zu verdanken.« Marius lachte.

»Danke«, sagte Matilda wieder. Seit sie dieses Kleid trug, fehlte es ihr entschieden an Originalität. Das konnte auch daran liegen, daß der Typ sie siezte, das war ja furchtbar steif. Allerdings wagte sie es nicht, ihm das Du anzubieten, zweifellos wäre das wieder völlig undamenhaft und sittenlos gewesen. Zierlich belud sie die Gabel voll mit Seezunge und führte sie zum Mund.

Marius erzählte von seiner Arbeit. Es war nicht besonders interessant, aber Matilda tat auch nur so, als hörte sie zu. In Wirklichkeit betrachtete sie sein Gesicht, seine Hakennase, die schönen Augen und die dichten Wimpern. Es lohnte sich wohl, sich ein bißchen zu langweilen, wenn man dafür so ein leckeres Kerlchen ins Bett kriegte.

Der Wirt kam an ihren Tisch und fragte, ob sie noch etwas Wein trinken wollten.

»Meine Begleiterin sicher gern«, erwiderte Marius. »Aber ich muß ja noch fahren.«

»Bei dem Wetter?« Der Wirt zeigte mit dem Finger in das Schneegestöber nach draußen. »Da kommen jetzt nur noch die Schneeräumfahrzeuge durch oder Autos mit Schneeketten.«

»Ich habe doch Vierradantrieb«, sagte Marius zum wiederholten Mal. »Ich komme überall durch.«

»Na ja«, sagte der Wirt. »Aber wenn Sie es sich anders überlegen – ich lasse die Gaststätte heute nacht länger auf, Sie müssen nicht hinaus in die Kälte.«

»Vielen Dank«, sagte Matilda.

»Einen Nachtisch vielleicht?«

Matilda schüttelte den Kopf. »Nein, danke.«

»Etwas Wein?«

»Ja, bitte.« Das war irgendwie eine verfahrene Situation. Vielen Dank, ja bitte, nein danke – so kam sie nicht weiter. Sie seufzte.

Marius hob sein Weinglas. »Lassen Sie uns auf Ihren wunderbaren Auftritt anstoßen. Und bei dieser Gelegenheit vielleicht gleich das Du einführen. Ich heiße Marius.«

Das war wirklich eine Neuigkeit für jemanden, der bereits stundenlang vor seinem Haus gelauert hatte und wußte, daß er einen Roman mit dem Titel *Der flambierte Mann* geschrieben hatte.

»Matilda«, sagte Matilda.

Marius lächelte. »Dann auf dein Wohl, Matilda. Habe ich dir schon die reizende Geschichte von diesem Konzert in der Philharmonie erzählt, bei dem die Sopranistin gar nicht kam?«

»Nein«, seufzte Matilda. Der Typ begann sie zu langweilen. Wer hätte das gedacht? Sie trank ihr Glas in einem Zug aus. Vielleicht würde ein leichter Schwips sie wieder in Schwung bringen.

Aber der Alkohol machte sie nur müde. Mit Mühe unterdrückte sie ein Gähnen. Marius griff über dem Tisch nach ihrer Hand, nur ganz kurz und flüchtig natürlich.

»Wir fahren jetzt«, sagte er. »Du siehst müde aus. Kein Wunder, nach der ganzen Aufregung.«

»Äh, ja danke«, machte Matilda und erhob sich bereitwillig.

Marius half ihr in Franziskas schwarzen Mantel. Seine Höflichkeit war wirklich entnervend. Mühsam rief Matilda sich die langen Wochen in Erinnerung, in denen sie sich vor Sehnsucht geradezu verzehrt hatte. Vergebens.

Der Wagen mit Vierradantrieb hatte in der Tat keine Probleme, die schneebedeckten Steigungen zu bezwingen. Trotzdem konnten sie nicht gerade rasen, es würde eine längere Fahrt werden. Aber Marius fehlte es ja nicht an Gesprächsstoff. Netterweise forderte er sie auf, mal etwas von sich zu erzählen.

»Oh, von mir gibt es nicht viel zu erzählen«, antwortete Matilda. Jedenfalls nichts, was du gerne hören würdest, setzte sie in Gedanken hinzu.

»Hast du einen Freund?«

Matilda starrte ihn überrascht an. »Nein«, antwortete sie.

»Ja, ja, so ein Singleleben, das wünsche ich mir auch noch mal«, schwärmte Marius. »Ich habe seit sieben Jahren eine Freundin, und jetzt will sie unbedingt heiraten. Dabei bin ich noch gar nicht so weit.«

»Eine Freundin? Seit sieben Jahren?« In Matilda erwachte kurzzeitig ein wenig Kampfgeist. Jemanden einer Freundin ausspannen war immer reizvoll.

»Ja, sieben lange Jahre. Und ich war immer treu.«

»Toll«, sagte Matilda und öffnete den obersten Mantelknopf.

»Na ja, oder fast immer.« Marius warf ihr einen schelmischen Blick zu. »Ehrlich gesagt, es gelingt einer Frau selten, mein Interesse zu wecken.«

Wohl eher umgekehrt, dachte Matilda.

»Du bist eine große Ausnahme, Matilda«, fügte Marius hinzu.

Na so was! Welch unerwartete Wendung! Matilda lächelte geschmeichelt. Marius wagte es jetzt sogar, seine Hand auf ihren Mantel zu legen. Wie ungeheuer kühn!

Matilda tat, als würde sie vor Verlegenheit beinahe im Erdboden versinken. Sie schaute aus dem Fenster. Es schneite immer noch so heftig, daß man nur wenige Meter weit sehen konnte.

»Lieber Himmel!« schrie sie plötzlich. »Da steht Cornelius' Auto! An dem Telegrafenmast da! Sicher ist ihnen was passiert.«

Marius bremste. »Das Auto ist leer«, sagte er. »Sicher sind sie steckengeblieben und haben sich zu Fuß ins nächste Dorf aufgemacht. Vielleicht sehen wir sie unterwegs.«

Matilda starrte neidisch auf die Spuren im Schnee. Das war ein Abenteuer! Und das mit Cornelius! Franziska hatte es gut, die erlebte wenigstens was. Mit Marius war es nicht annähernd so spannend. Er machte ihr zwar eine Reihe netter Komplimente und legte weiterhin, immer wenn es möglich war, die Hand auf ihren Mantel, an eine unverfängliche Körperstelle, versteht sich, aber Matilda zweifelte daran, daß es noch aufregender werden würde.

Je näher sie der Stadt kamen, desto dünner wurde die Schneedecke. Immerhin waren die Dächer weiß, das machte die Stadt gleich freundlicher.

Marius parkte vor der Haustür, drehte den Schlüssel um und sah ihr tief in die Augen.

»Und jetzt?« fragte er.

Tja, das würde ich auch gerne wissen, dachte Matilda.

»Ich könnte auf einen Kaffee zu dir hochkommen«, schlug Marius vor.

»Oh«, machte Matilda unschlüssig.

Marius beugte sich über die Handbremse und küßte sie. Matilda fand, sein Kuß schmeckte nach Forelle Müllerin und so, als ob er aus der Übung wäre. Allerdings gab es immer Männer, die lernten die hohe Kunst des Kusses nie. Möglicherweise gehörte Marius dazu.

»Ich ähm – ich denke, wir sagen besser gute Nacht«, meinte sie, ganz Dame.

Sie griff nach dem Rosenstrauß auf dem Rücksitz und lächelte Marius an. »Ich möchte am Ende nicht diejenige sein, die deine Beziehung zerstört.« Bla bla bla. Ich möchte nur nicht diejenige sein, die sich die Fasern seiner Forelle Müllerin hinterher aus den Zähnen puhlen muß, dachte sie.

Sie lächelte verzeihend. »Das verstehst du doch sicher.«

Und wie er das verstand!

»Du bist wunderbar«, sagte er. »Ich hätte mich beinahe vergessen.« Er sah sie an wie eine Heilige. Matilda machte, daß sie wegkam.

»Vielen Dank fürs Bringen«, sagte sie noch.

Eine Dame weiß schließlich, was sich gehört.

26

»Zum Glücklichen Ochsen« hieß das Gasthaus, und Cornelius sagte, das sei ein durchaus passender Name. Er sei auch ein glücklicher Ochse. Die Wirtsfrau war weniger glücklich, als sie hereinstolperten.

»Et iss nach zwölfe«, beschwerte sie sich. »Wir wollten gerade schließen.«

»Wir wollen nichts mehr trinken, wir wollen nur ein Zimmer für die Nacht«, erwiderte Cornelius. Der Schnee schmolz in seinen Haaren und tropfte in kleinen Rinnsalen an ihm herab. »Unser Wagen ist ein paar Kilometer von hier im Schnee steckengeblieben.«

»Den janzen Wesch zu Fuß jejangen! In den Schuhen? Dat arme Mädschen.« Die Wirtin machte ein mitleidiges Gesicht. »Ein Zimmer können Se haben, und von mir aus auch noch 'ne Tasse heiße Milsch. Wenn Se misch fragen, die einzige Möschlischkeit, um einen Pips herumzukommen.«

»Einen was?« fragte Franziska zähneklappernd.

»Jo, ne Pips halt. Dat iss 'ne Erkältung! Und die haben Se morgen, wenn Se meine Milsch nit trinken.« Sie reichte ihnen einen Schlüssel über die Theke. »Sauwetter iss dat aber auch. So viel Schnee so früh im Jahr. Aber meinen Schwager wird's freuen. Der hat 'ne Autowerkstatt, und morjen werden se alle kommen, um ihre Winterreifen draufmachen zu lassen. Die Milsch bring isch sofort hoch.«

Das Zimmer sah gemütlich aus, die blau-weiß-karierte Bettwäsche einladend aufgeschlagen. Direkt vor dem Fenster stand eine Straßenlaterne, in deren Lichtkegel immer noch die Schneeflocken tanzten.

»Als ob es nie aufhören wird«, sagte Franziska.

»Raus aus den nassen Klamotten«, bestimmte Cornelius. »Hier ist eine Dusche. Dusch, so heiß du kannst.«

Als Franziska sich nicht rührte, war er mit zwei Schritten bei ihr und zog ihr den Mantel aus. Prüfend berührte er ihre Schulter. »Alles naß. Durch und durch«, stellte er fest.

»Ja«, antwortete Franziska zähneklappernd. »Aber du kannst zuerst duschen.« Und danach werde ich dich verführen, setzte sie in Gedanken hinzu.

Cornelius hatte sich ein Handtuch um die Hüften geschlungen, als er wieder ins Zimmer kam. Franziska saß vollbekleidet auf dem Sessel und klapperte immer noch mit den Zähnen. Das war vielleicht nicht besonders gesundheitsfördernd, aber eine bombensichere Methode, Cornelius' volle Aufmerksamkeit zu bekommen.

»Bist du wahnsinnig?« schrie er empört und zerrte sie hoch. »Morgen bist zu tot.«

Franziska lehnte sich an seinen nackten Oberkörper. »Mir egal«, flüsterte sie.

Cornelius nahm erschrocken ihr Gesicht zwischen seine Hände. »Du bist ja ganz blau«, behauptete er.

Franziska ließ sich zurück in den Sessel fallen. »Mir ist ganz warm«, log sie, und da wähnte Cornelius sie am Rande des Todesdeliriums.

Erneut riß er sie hoch und begann sie zu entkleiden. Franziska tat so, als wäre sie zu erschöpft, um sich zu wehren. Wortlos ließ sie sich in die Dusche nach nebenan zerren, ließ zu, daß Cornelius das Wasser andrehte – viel zu heiß, aber eine Todkranke würde wohl kaum über die Wassertemperatur meckern – und sie sogar einseifte. Erst als sie am ganzen Körper krebsrot war, drehte Cornelius das Wasser wieder ab. Er wickelte Franziska in ein Handtuch und rubbelte sie sorgfältig trocken.

Anschließend schob er sie nach nebenan, schubste sie auf das Bett und deckte sie bis zum Hals zu. Franziska brach sofort der Schweiß aus. Vorsichtig lüftete sie das blaukarierte Plumeau. Cornelius war dabei, ihre wenigen Klamotten sorgfältig auf einen Stuhl vor der Heizung zu hängen. Ihre Schuhe legte er direkt auf die Heizung.

Nach diesem Abenteuer würden sie nicht mehr das sein, was sie mal waren, stellte Franziska fest, aber ein paar Schuhe war's ihr wert, daß sie Cornelius wiederbekam.

»Cornelius?« flüsterte sie. Er war sofort an ihrer Seite. »Du weißt natürlich, daß es Blödsinn ist, zu denken, ich könnte sterben?«

»Natürlich ist das Blödsinn«, sagte Cornelius besorgt.

Franziska schlug die Bettdecke zurück und streichelte über seine Wasserballerbrustmuskeln.

»Könnten wir nicht trotzdem einfach so tun, als wäre das hier die letzte Nacht in meinem Leben?« fragte sie.

Cornelius betrachtete sie unschlüssig.

Franziska setzte sich auf. »Ich bin dir wohl zu rot?« fragte sie und küßte ihn einfach auf den Mund.

Da seufzte Cornelius und legte seine Arme um sie. »Und du bist wirklich in Ordnung?« murmelte er in ihr Ohr.

»Absolut«, beteuerte Franziska und zog ihn zu sich herab. »Nur ein bißchen rot.«

Das war nicht besonders schwierig, dachte sie selig. Der Wunsch nach Sex schaltet beim Mann einfach den Verstand aus und glücklicherweise auch sein Gewissen, sofern er eines hat. Cornelius gehörte zu den wenigen Männern mit Gewissen. Um so stolzer war Franziska, daß es ihr gelungen war, es eine Zeitlang auf Eis zu legen.

Allerdings, vollkommen hirnlos war Cornelius dann doch nicht. Im entscheidenden Augenblick hielt er inne, sprang auf und holte Kondome aus seiner Jackentasche.

Er liebt mich wirklich, dachte Franziska beglückt.

27

Am Morgen wurde Franziska erst von der Sonne geweckt. Sie schien durch das Fenster direkt auf das blaukarierte Kopfkissen und brachte ihre Haare zum Leuchten.

Cornelius saß auf der Bettkante. Er machte ein so unglückliches Gesicht, daß Franziska das wohlige Rekeln, nach dem ihr gerade zumute war, unterließ. Nicht mal ein Lächeln wagte sie. Statt dessen sagte sie leise: »Guten Morgen.«

Cornelius zuckte richtig zusammen, als er ihre Stimme hörte. Aber er lächelte immerhin.

»Ich habe wunderbar geschlafen«, meinte Franziska und hustete probeweise. »Und erkältet habe ich mich auch nicht.«

»Hoffentlich nicht«, sagte Cornelius. »Heute nacht hast du käseweiß ausgesehen, ich hatte richtig Angst um dich.«

Na also, das klang doch alles ganz gut. Warum nahm er sie nicht einfach in die Arme, küßte sie und fragte, ob sie mit ihm käme, um diese Jenny aus seiner Wohnung zu werfen?

»Du machst keinen besonders glücklichen Eindruck«, stellte sie fest.

»Nein.« Cornelius schüttelte den Kopf. »Das mit uns heute nacht hätte nie passieren dürfen.«

Franziska schnappte empört nach Luft.

»Ich meine, vom moralischen Standpunkt betrachtet«,

fuhr Cornelius hastig fort. »Schießlich ist Jenny ja auch noch da. Weißt du, so was wie heute nacht habe ich immer für schlicht unmöglich gehalten. Es erschien mir so ohne jeden Zweifel richtig, aber jetzt, im Tageslicht, sehe ich erst, was ich damit angerichtet habe.«

Oh, lieber Himmel. Jetzt hatte er seine moralische Tour! Franziska seufzte. Am liebsten hätte sie ihn geschüttelt, so wie er das früher ein paarmal mit ihr gemacht hatte, wenn er die Geduld verlor. Gab es einen einfacheren Sachverhalt? Das war wie eine Gleichung mit drei Unbekannten. Irgendeiner blieb am Ende allein auf einer Seite übrig. A und B hatten sich getrennt, A nach der Trennung eine Beziehung mit C geknüpft. Nun aber hatten A und B gemerkt, daß ihre Bindung im Grunde immer noch stärker ist, also mußte das C schauen, wo es blieb. Aber das A war ein Dummkopf, ein Hobbypsychologe mit Gewissen. Es wollte einfach nicht kapieren, daß es nur einen Teil einer einfachen mathematischen Gleichung darstellte.

Franziska seufzte. Mit einer einfachen Geste oder ein paar einfachen Worten – »Sollten wir nicht einfach da weitermachen, wo wir heute nacht aufgehört haben?« – war Cornelius in dieser Stimmung nicht beizukommen. Es blieb ihr nichts anderes übrig, als sich ebenfalls auf die Hobbypsychologieschiene zu begeben.

Natürlich – natürlich? – war ihr klar, daß Cornelius im Grunde bloß ein furchtbar schlechtes Gewissen hatte, wegen dieser Jenny, der er ja jetzt den Laufpaß geben mußte. Weil er selbstverständlich – selbstverständlich? – sie, also Franziska, viel mehr liebte, wenn er denn überhaupt so etwas wie Liebe für das blonde Gift empfunden hatte. Besonders belastete ihn dabei die Tatsache, daß er Jenny diese höchst unerfreuliche Eröffnung erst nach einer höchst erfreulichen Nacht machen konnte. Das, so vermutete Franziska, war Cornelius' Hauptproblem. Hätte er die Beziehung zu Jenny bereits vor dieser Nacht gelöst, wäre er zwar nicht gerade ein Engel, aber man hätte ihm wenigstens keine Zweigleisigkeit vorwerfen können.

Franziska beschloß, den Spieß einfach umzudrehen.

»Mach dir mal keine Sorgen um mich«, sagte sie. Sie schlug die Bettdecke zurück und ging nackt zu dem Stuhl vor der Heizung, auf den Cornelius am Abend sorgfältig ihre Sachen zum Trocknen aufgehängt hatte. »Ich mache dir sicher keine Vorwürfe.«

Bei einem schnellen Seitenblick erkannte sie, welche Verwirrung ihre Worte in Cornelius auslösten. Langsam zog sie sich an.

»Das war eine wunderschöne Nacht«, fuhr sie dabei fort und versuchte zu sprechen wie jemand, der todtraurig ist, sich das aber auf keinen Fall anmerken lassen möchte. »Ehrlich, es war die schönste Nacht meines Lebens. Aber ich verstehe, daß es für dich nicht das gleiche bedeutet hat wie für mich. Ich kenne dich, ich weiß, daß du jetzt ein schrecklich schlechtes Gewissen meinetwegen hast, aber das ist überhaupt nicht nötig.«

»Ich habe nicht . . .«, begann Cornelius, aber Franziska war blitzschnell bei ihm und legte ihm einen Finger auf den Mund. »Nein, nicht! Ich möchte nicht, daß du irgend etwas erklärst.«

Sie lächelte schmerzlich. Ach, könnte sie doch jetzt jemand vom Film sehen, er hätte sie vom Fleck weg engagiert. Sie war besser als jeder Soap-Opera-Darsteller, und das Beste war der Text, den sie quasi aus dem Stegreif erfand. Cornelius war schwer beeindruckt.

»Schließlich habe ich unsere Beziehung beendet, oder

nicht?« fuhr sie fort. »Ich war es doch, die sich unmöglich benommen hat. Du mußtest glauben, daß ich dich nicht mehr liebte. Ich wußte es ja selber nicht so genau, bis ich begann, dich fürchterlich zu vermissen. Aber nur, weil ich zur Vernunft gekommen bin« – haha, das war gut! – »und wir eine wundervolle Nacht miteinander verbracht haben, heißt das noch lange nicht, daß ich jetzt irgend etwas von dir erwarte.«

Franziska zog sich das grüne Kleid über den Kopf.

»Von mir wird Jenny nie etwas von dieser Nacht erfahren« – ha, das war auch gut –, »und ich verspreche dir, daß ich dich niemals wieder mit Liebeserklärungen oder so was belästigen werde. Und falls du es dir jemals anders überlegst, dann werde ich überglücklich sein.« Das war jetzt vielleicht eine Spur zu übertrieben, aber Männer mögen es theatralisch.

Cornelius wirkte ganz benommen nach diesem Psychohammer. Erneut wollte er etwas sagen, aber Franziska schüttelte wieder den Kopf. »Nein, bitte, es ist ja alles gesagt. Laß uns jetzt einfach von etwas anderem reden. Könntest du mir mal den Reißverschluß zumachen?«

Während des Frühstücks stellte Franziska triumphierend fest, daß Cornelius total verwirrt wirkte. Eigentlich hatte er doch dieser Jenny gegenüber ein schlechtes Gewissen gehabt, und jetzt auf einmal mußte er auch Franziska gegenüber eines haben. Und sie wirkte so tapfer!

Franziska grinste zufrieden. Männer sollten sich niemals mit Frauen einlassen, dachte sie. Sie ziehen dabei immer den kürzeren. Es war nur eine Frage der Zeit – Franziska tippte auf maximal zwei Stunden –, bis Cornelius Jenny den Laufpaß gab und sie um einen Neuanfang bat.

Während Cornelius anschließend bei der Wirtin das Zimmer bezahlte, lief sie fröhlich hinaus in die Schneelandschaft.

Was für ein Tag! Der Schnee lag mindestens fünfzehn Zentimeter hoch, die Kälte biß sich durch ihre dünnen Seidenstrümpfe, aber die Sonne stand am knallblauen Himmel und lud zu einem Schneespaziergang ein. Die Straßen waren am frühen Morgen von Schneeräumern weitgehend freigeschaufelt und mit Salz bestreut worden, so daß der graue Asphalt wieder sichtbar war. Bis zu Cornelius' Auto waren es etwa zwei Kilometer, die mußten in einer Viertelstunde zu schaffen sein.

»Aber nit in den Schuhen«, sagte die Wirtin streng und zeigte auf Franziskas ziemlich mitgenommene Pumps. »Jetzt machen Se mal keine Fisimatenten und bleiben Se hier, bis der junge Mann den Wagen geholt hat. Isch sachet Ihnen, Sie holen sisch sonst den Pips.«

Cornelius nickte. »Sie hat recht«, sagte er zu Franziska. »Du wartest hier, bis ich mit dem Auto zurückkomme.«

»Also gut«, antwortete Franziska gefügig. In den Schuhen war ein Schneespaziergang wirklich kein Vergnügen. Außerdem konnte Cornelius ein bißchen Zeit zum Nachdenken wirklich nicht schaden.

Sie setzte sich auf die Bank vor dem Haus in die Sonne und baumelte mit den Beinen.

»Kommen Se lieber rein«, sagte die Wirtin. »Isch will et nit schuld sein, wenn Se sisch wat holen.«

Aber Franziska wollte unbedingt draußen bleiben. So kam es, daß Caroline, die sich nach einem guten Frühstück bei der Bürgermeisterfamilie mit ihrem Auto auf den Heimweg gemacht hatte, ihren Augen nicht traute, als sie den »Glücklichen Ochsen« passierte. Das Mädchen dort auf der Bank im grünen Kleid und orangefarbenen Anorak war doch Franziska! Caroline bremste scharf.

»Bist du es, oder hast du einen Zwilling?«

»Ich bin es«, rief Franziska. »Und auch wieder nicht. Ich bin ein völlig neuer Mensch.«

Caroline stieg aus dem Auto. »Und wo ist Cornelius?«

»Er holt den Wagen. Ach, Caroline, uns ist so was Romantisches passiert!« Franziska seufzte.

»Ihr seid wieder zusammen? Wie schön!«

»Nicht ganz«, gab Franziska zu. »Wir haben noch eine kleine psychologische Hürde zu überwinden. Aber das ist nur eine Frage von Stunden.« Sie grinste diabolisch. »Weißt du was? Ich schreibe Cornelius einen Zettel und fahre mit dir nach Hause.«

»Wäre das nicht ein bißchen gemein?« erkundigte sich Caroline. »Ich meine, wir könnten wenigstens auf ihn warten.«

»Nein.« Franziska schüttelte den Kopf. »Das ist Psychologie. Ich werde es dir im Auto erklären.«

»Lieber Cornelius. Caroline kam zufällig vorbei, und da habe ich es vorgezogen, mit ihr nach Hause zu fahren. Ich denke, Du möchtest jetzt lieber allein sein. Viel Glück für Dich und Jenny. Ich liebe Dich, immer Deine Franziska«, schrieb Franziska auf das Ringbuchblatt, das die Wirtin ihr gestiftet hatte.

»Kitschig«, fand Caroline, aber Franziska lachte nur. »Komm schnell, wir müssen uns beeilen, sonst laufen wir ihm am Ende noch über den Weg.«

Cornelius kam ihnen an der nächsten Kreuzung in seinem Wagen entgegen. Franziska duckte sich blitzschnell, aber Cornelius warf nicht mal einen Blick auf Carolines

Auto. Er starrte mit zusammengezogenen Augenbrauen auf die Straße.

»Zwei Stunden«, sagte Franziska. »In spätestens zwei Stunden ruft er an.«

28

»Die Bürgermeisters sind echt nett«, sagte Caroline. »Und dieses Herrenhausen ist ein toller Ort. Heute morgen sind wir alle zusammen mit dem Schlitten zur Kirche gefahren, stellt euch das mal vor! Mindestens hundert Meter den Hang hinunter!«

»Toll«, sagte Matilda geistesabwesend. Sie hatte ihre verlottertsten Jeans angezogen, einen äußerst geschmacklosen Totenkopfohrring angesteckt und dunkellila Lippenstift aufgelegt.

»Du siehst aus wie Tank-Girl«, meinte Franziska. »Gestern hast du mir besser gefallen.«

»Nicht nur dir«, erwiderte Matilda. »Diesem Marius habe ich sicher auch nur gefallen, weil ich mich verkleidet hatte.«

»Dieser Marius? Hey, ich denke, der ist der Traummann des Jahrhunderts? Oder hast du deine Meinung schon wieder geändert?«

»Manchmal weiß man erst, ob einem ein Mann gefällt, wenn man ihn geküßt hat.« Matilda seufzte abgrundtief. »Leider hat er ziemlich schlecht geküßt. Ein bißchen wie ein Fisch. Vielleicht hat das aber bloß an meiner Verkleidung gelegen.«

Franziska sah sie überrascht an. »Jetzt komm mir bloß nicht mit so einem Schmus, von wegen, du willst um deiner selbst willen geliebt werden und möchtest mit all deinen reizenden Fehlern und Macken akzeptiert werden und so weiter.«

»Was ist daran falsch?« fragte Matilda »Ich meine, der Typ ist vielleicht echt toll, wenn er nicht gerade spricht oder einem in den Mantel hilft. Aber in dieser Verkleidung als nettes anständiges Mädchen macht es mir noch nicht mal Spaß, ihn seiner Freundin auszuspannen. Ich habe zum ersten Mal in meinem Leben nein gesagt, und das nicht etwa, weil ich keine Lust hatte, sondern moralische Bedenken! Das muß man sich mal vorstellen! Vermutlich will er jetzt nichts mehr von mir wissen.«

»Oder gerade«, sagte Caroline.

»Nein. Ich habe ihn mit meiner moralischen Tour richtiggehend angesteckt. Um ein Haar hätte er angefangen zu weinen und mich für den Friedensnobelpreis vorgeschlagen.«

»Matilda, Matilda«, sagte Franziska grinsend und wiegte bedenklich den Kopf hin und her. »Nicht daß du auf deine alten Tage noch mal rücksichtsvoll und liebenswert wirst! Sei bloß vorsichtig!«

Matilda grinste beinahe verlegen zurück. »Warum stehen wir eigentlich hier im Flur herum?« wollte sie wissen.

»Franziska möchte das Telefon nicht aus den Augen lassen«, informierte sie Caroline. »Cornelius wird jeden Augenblick anrufen und den Zauber der vergangenen Nacht vervollkommnen.«

»Am hellichten Tag etwa?« fragte Matilda. »Ts, ts, ts.«

Franziska setzte sich neben das Telefon auf den Fußboden und schlang die Arme um die Knie.

»Nichts wird die vergangene Nacht übertreffen können«, meinte sie träumerisch. »Aber das letzte Wort, also das Wort, mit dem diese verfluchte Jenny endgütig auf den Mond geschossen wird, hat er noch nicht gesprochen. Ich war so raffiniert und habe ihm dazu nicht die Gelegenheit gegeben.« Sie stupste das Telefon an. »Aber das bereue ich jetzt. Vielleicht kennt diese blonde Schlange Tricks, die ich nicht kenne, und bekommt ihn wieder rum. In diesem Fall werde ich noch heute nacht von der Mülheimer Brücke springen.«

»Ja, ja, tu das«, meinte Matilda. »Vielleicht springe ich gleich mit.«

»Wie romantisch«, seufzte Caroline. »Ich wünschte, ich hätte auch Liebeskummer.«

Die Türklingel ließ alle drei zusammenzucken.

»Cornelius«, schrie Franziska. »Und ich hab' mir nicht mal die Haare gewaschen.«

Während sie ins Badezimmer stürzte und fieberhaft versuchte, das Beste aus ihrer Erscheinung zu machen, drückte Caroline auf den automatischen Türöffner. Aber es war nicht Cornelius, der einen Augenblick später die Wohnung betrat, sondern eine junge Frau von ungefähr Dreißig.

»Bist du Matilda Sommer?« fragte sie schüchtern.

Caroline schüttelte den Kopf und zeigte auf Tank-Girl hinter sich. »Nein, das ist Matilda.«

Die junge Frau lächelte Matilda an. »Ich bin Corinna, die Freundin von Marius Dorfmann. Sie sind gestern mit ihm aus Herrenhausen gekommen.«

»Äh, ja«, sagte Matilda.

»Ich habe das Auto heute morgen gebraucht und dabei Ihre Handtasche gefunden. Sicher haben Sie sie schon vermißt.«

Matilda starrte überrascht auf den kleinen schwarzen Beutel in Corinnas Hand. Da sie üblicherweise keine

Handtaschen trug und diese dort nur passend zum Spießerkleid gewählt hatte, war ihr auch nicht aufgefallen, daß sie das Ding verloren hatte.

»Das ist wirklich meine«, bestätigte sie.

»Ich habe hineingeguckt, um zu sehen, wem Sie gehört, und da habe ich Ihren Studentenausweis gefunden. Ich dachte, Sie würden sie gern zurückhaben, und deshalb bin ich gleich vorbeigekommen.«

»Das ist aber nett«, sagte Caroline an Matildas Stelle.

»Bei dieser Gelegenheit habe ich Ihnen gleich den Artikel über die gestrige Aufführung mitgebracht«, fuhr Marius' Freundin fort und reichte Matilda eine zusammengefaltete Zeitung. »Es steht nur Positives über Sie drin.«

»Danke«, sagte Caroline wieder an Matildas Stelle.

Corinna sah sich unsicher um. »Tja, und jetzt muß ich auch schon wieder weg, entschuldigen Sie die Störung. Wiedersehen.«

»Wiedersehen«, riefen Franziska und Caroline hinter ihr her. Matilda brachte immer noch kein Wort heraus.

»Nett«, sagte Caroline, als sie die Tür geschlossen hatte.

»Ja, und nicht mal blond«, ergänzte Franziska. »Ich fand, sie sah irgendwie schwanger aus, ihr nicht?«

Matilda kaute auf ihrer Unterlippe. »Ja, bestimmt. Sie ist im richtigen Alter. O Gott, ich fühle mich ja so mies.«

»Aber du hast doch gar nichts getan«, rief Franziska. »Zum ersten Mal in deinem Leben hast du überhaupt keinen Grund, dich mies zu fühlen.«

»Das ist ein klassischer Parameter«, meinte Matilda.

»Ein Paradoxon«, verbesserte Caroline.

»Sag' ich doch«, meinte Matilda. »Das beweist nur, daß es falsch ist, einen auf gut und anständig zu machen. Männer sind irgendwie gewissenlos und egoistisch. Man kann ihnen nur beikommen, wenn man noch gewissenloser und egoistischer ist als sie. Sonst grämt man sich vor Kummer, wenn man ander Leut's Handtaschen im Auto findet. Dieser Marius ist für mich gestorben. Er hätte glatt seine schwangere Freundin betrogen, das muß man sich mal vorstellen.«

»Vielleicht war sie nicht schwanger, sondern nur ein bißchen mollig«, wandte Franziska ein.

»Egal«, sagte Matilda. »Marius ist trotzdem ein Schwein. Wenn er noch mal anruft, sage ich ihm das. Damit wird er der einzige Mann sein, der mich für moralisch und prüde hält. Es wird meinem Ruf schaden, aber in diesem Fall ist es mir egal.«

»Gut.« Caroline schlug die Zeitung auf und begann Marius' Artikel laut vorzulesen. »Als besonderer Glanzpunkt der gestrigen Aufführung ist die junge Sopranistin Matilda Sommer zu erwähnen, die die gut vierhundert Zuschauer in der ausverkauften Gemeindehalle mit ausdrucksvollen, zarten Tönen zu Standing ovations hinriß. Na, wenn das nicht wunderbar klingt!«

Matilda riß ihr die Zeitung aus der Hand und vertiefte sich in die Lektüre. Dabei hellte sich ihr Gesicht zusehends auf.

Franziska bewachte derweil immer noch das Telefon. Erst als Matilda am frühen Nachmittag im Kiosk gegenüber sechs weitere Exemplare der Zeitung kaufen ging, wagte sie sich für ein paar Minuten vom Telefon weg, um sich zu duschen und die Haare zu waschen. Natürlich klingelte der blöde Apparat genau in dieser Zeit. Franziska stürzte mit aufgeschäumtem Haar in den Flur hinaus.

Caroline winkte ab. »Für Matilda«, sagte sie. »Ein Typ. Kaum hat sie sich entschlossen, wieder die alte zu werden, kommen die Kerle aus der Versenkung hervor.«

»Und warum ruft Cornelius nicht an?« fragte sie. »Was mache ich, wenn er es sich anders überlegt?«

»Aus dem Fenster springen«, erwiderte Caroline herzlos. »Sei ein bißchen geduldiger, schließlich hast du ihn oft genug hingehalten.«

Matilda kam mit einem ganzen Stapel Zeitungen herein. »Ich verschicke den Artikel an alle Freunde und Bekannte«, verkündete sie. »Wie schade, daß durch das blöde Wetter kein Foto von mir gedruckt werden konnte. Ein Fotograf war nämlich da. Aber der hat sicher auch in Herrenhausen übernachtet.«

»Jemand hat für dich angerufen«, teilte ihr Caroline mit. »Ein Fabian Soundso. Klang nett.«

»Fabian? Fabian?« überlegte Matilda. »Sagt mir jetzt nichts. Wahrscheinlich habe ich ihn vor meiner abstinenten Zeit kennengelernt. Er wird meinem Gedächtnis auf die Sprünge helfen müssen.«

Caroline stampfte mit dem Fuß auf. »So wie es aussieht, geht jetzt alles weiter wie bisher. Franziska wird glücklich mit Cornelius . . .«

»Wenn er nur endlich mal anriefe«, knurrte Franziska und wickelte sich ein Handtuch um den Kopf. »Mich so auf die Folter zu spannen, unverschämt.«

»Franziska wird, wie gehabt, glücklich mit Cornelius, und Matilda vergnügt sich wieder mit gewohnt vielen Männern«, fuhr Caroline fort. »Nur ich, ich bin immer noch solo und Jungfrau. Könnt ihr mir das mal erklären?«

»Ach, Caro«, seufzte Matilda. »Wenn ich nicht so traurig wäre, würde ich mich jetzt totlachen. Ich glaube sowieso nicht, daß ich deine Entjungferung noch erleben darf.«

Caroline machte eine beleidigte Miene. »An mir liegt es jedenfalls nicht.«

Das Telefon klingelte.

»Das ist er!« schrie Franziska und riß den Hörer an sich. »Hallo?«

Die anderen beiden hielten mindestens genauso gespannt die Luft an wie sie.

»Ach, Mama, du bist's.« Franziska stand die Enttäuschung auf dem Gesicht geschrieben. »Ja, mir geht es gut. Alles in Ordnung. Ja, sie war wunderbar, wir haben nicht nur den Artikel gelesen, sondern live zugehört. Ja, das Foto finden wir auch sehr gelungen. Ich werde es ihr ausrichten. Ja, und bestell dem alten Knöterich« – damit meinte sie ihren Vater – »viele Grüße. Tschüs, Mama.«

Sie legte den Hörer auf.

»Meine Eltern haben deinen Artikel in der Zeitung gelesen, Matilda«, sagte sie. »Jetzt wünschen sie, sie hätten mich ebenfalls in den Gesangsunterricht gesteckt.«

»Typisch Eltern«, meinte Matilda. »Mein Vater kommt erst nächstes Wochenende zur Aufführung. Sicher bin ich dann nicht mehr so gut wie gestern.«

Franziska schlug mit der Faust auf das Telefon. »Kann mir einer mal verraten, warum dieser Kerl nicht anruft? Seit Stunden ist er jetzt zu Hause! Nicht, daß er es sich noch mal anders überlegt! Wenn er jetzt nicht sofort anruft, muß ich es tun.«

Prompt klingelte das Telefon.

»Wer sagt's denn?« murmelte Caroline.

Aufgeregt hob Franziska den Hörer ab. Ein seliges Lächeln breitete sich auf ihrem Gesicht aus. »Oh, *Cornelius*! Wie schön.«

Caroline entließ geräuschvoll die Luft aus ihren Lungen und lächelte gerührt. »Hat geklappt!«

»Natürlich«, flötete Franziska in den Hörer. »Aber was ist mit Jenny? Oh, das tut mir leid. Das wollte ich wirklich nicht.«

Matilda und Caroline feixten. »Oh, nein, das wollte ich nicht«, äffte Matilda Franziska nach.

»Ja, ich dich auch. Ich wußte gar nicht wie«, seufzte Franziska ungeniert.

Caroline seufzte auch. »Findest du das nicht *schön*?« flüsterte sie Matilda zu.

»Doch«, sagte Matilda. »Schön blöd. Wo sie ihn gerade so gut losgeworden war!«

Sie klopfte Franziska auf die Schulter. »Mach nicht so lange, ich muß auch noch telefonieren. Mit Justus und Christoph, die beiden haben im Orchester gestern Violine gespielt. Es sind Zwillinge, ist das nicht lustig? Sie haben mir ihre Telefonnummer gegeben. Und dann werde ich mich noch mit – wie hieß doch gleich der Typ, der heute für mich angerufen hat?«

»Fabian«, sagte Caroline und setzte neidisch hinzu: »Drei Männer für dich ganz allein, wo ich überhaupt keinen habe – das ist ja so was von ungerecht!«

Band 12570

Fanny Morawitz

Der falsche Angelo

Der neue Roman für alle Kelly-Family-Fans

Ein »Marco Pitelli« wird den Mädchen und Jungen der 9. Klasse als neuer Mitschüler angekündigt. Am nächsten Tag kommt der Junge mit dem klangvollen Namen. Er ist langhaarig, hat etwas Geheimnisvolles an sich und sieht toll aus ... und Nadja und ihre Freundinnen Ilona und Susi sind außer sich vor Begeisterung. »Marco« ist nämlich niemand anderes als der berühmte und umschwärmte Angelo Kelly. Davon sind die Mädchen überzeugt. Deshalb stört es sie auch nicht, daß »Marco« hartnäckig leugnet, Angelo zu sein. Ihre Freunde hingegen, allen voran Bert, finden, daß etwas faul an diesem Angelo sein muß. Die Frage ist nur ... was?

BASTEI LÜBBE

Band 12571

Fanny Morawitz

Ein Song für Paddy

Der neue Roman für alle Kelly-Family-Fans

Angie, Kelly-Fan und begeisterte Amateurmusikerin, kann ihr Glück kaum fassen. Sie kommt bei dem großen Wettbewerb »Ein Song für Paddy« in die Vorentscheidung und wird von einem Plattenstudio zum Vorsingen eingeladen. Ihre Träume von einer großen Karriere als Sängerin sind in greifbare Nähe gerückt. Aber ihre Freude ist nicht von langer Dauer. Der Wettbewerb entpuppt sich als gemeiner Schwindel mit einem berühmten Namen, und Angie ist am Boden zerstört. Ihr Freund Jan tröstet sie, so gut er kann. Kein Wunder nach alldem, daß Angie mißtrauisch reagiert, als sie ein paar Wochen später Post bekommt. Was dann passiert, grenzt dennoch an ein Wunder ...

BASTEI
LÜBBE

Band 12563

Jule Brand

Liebe im Nachfüllpack

In der studentischen Wohngemeinschaft von Matilda, Franziska und Caroline herrscht Krisenstimmung. Franziska glaubt, schwanger zu sein, und möchte mit ihren zwanzig Jahren weder heiraten noch ein Baby bekommen. Zumal auch nicht Cornelius der Vater wäre, sondern der arrogante Millionärssohn Jan, der bereits so gut wie verheiratet ist - natürlich mit einer anderen. In dieser verzwickten Situation leistet den dreien das schrille, schwule Designerpärchen Ollie und Benedikt aus der Dachwohnung Beistand. Benedikt ist Gitarrist bei den »Resistenten Kakerlaken«, jener Band, die für Jans Verlobungsfeier engagiert ist. Eine Feier, die der potentielle Kindesvater garantiert im Leben nicht vergessen wird.